立德·强能
智媒时代应用型广告人才培养模式与路径

许敏玉　王端　谭宇菲　张蕾◎著

首都经济贸易大学出版社
Capital University of Economics and Business Press
·北 京·

图书在版编目（CIP）数据

立德·强能：智媒时代应用型广告人才培养模式与路径／许敏玉等著. --北京：首都经济贸易大学出版社，2022. 9

ISBN 978-7-5638-3375-7

Ⅰ. ①立…　Ⅱ. ①许…　Ⅲ. ①高等学校-广告学-人才培养-培养模式-研究-中国　Ⅳ. ①F713. 80

中国版本图书馆 CIP 数据核字（2022）第 102661 号

立德·强能：智媒时代应用型广告人才培养模式与路径
LIDE QIANGNENG：ZHIMEI SHIDAI YINGYONGXING GUANGGAO RENCAI PEIYANG MOSHI YU LUJING
许敏玉　王　端　谭宇菲　张　蕾　著

责任编辑　胡　兰
封面设计　砚祥志远·激光照排 TEL：010-65976003
出版发行　首都经济贸易大学出版社
地　　址　北京市朝阳区红庙（邮编 100026）
电　　话　（010）65976483　65065761　65071505（传真）
网　　址　http：//www. sjmcb. com
E-mail　publish@ cueb. edu. cn
经　　销　全国新华书店
照　　排　北京砚祥志远激光照排技术有限公司
印　　刷　北京九州迅驰传媒文化有限公司
成品尺寸　170 毫米×240 毫米　1/16
字　　数　148 千字
印　　张　8. 75
版　　次　2022 年 9 月第 1 版　2022 年 9 月第 1 次印刷
书　　号　ISBN 978-7-5638-3375-7
定　　价　39. 00 元

前言

高校广告专业教育是我国广告专业人才培养的重要路径，是广告行业持续健康发展的人才保障；同时，广告产业结构的调整、广告媒介技术的变革也对人才培养的目标和方式提出了新的要求。广告专业又具有较强的实践性，应用型人才是广告专业人才培养目标中的重要组成部分。因此，本书尝试以智媒时代为背景，讨论新时代应用型广告人才培养模式和路径的迭代。

本书的第一章和第二章主要讨论智媒时代对广告专业教育的宏观影响，结合智媒环境下媒介和用户个体传播形态和能力的变迁，提出新时代“立德”与“强能”并重培养广告人才“品德”和“能力”的理念，明确了应用型广告人才培养模式变革的方向；第三章至第七章分别具体探讨从课内到课外、从学习到竞赛、从实践到实战、从企业到校园、从内容到技术这五种视角下人才培养路径的改革方式及效果，这五种视角下的应用型人才培养方法和路径，是本书著者近五年在实际教学中分别进行尝试性实施后的经验总结，也是对未来人才培养路径改革的思考。

感谢在本书的撰写和出版过程中一直支持和帮助我们的朋友与同事。感谢王鑫同学对第二章至第七章相关资料的收集和整理，以及对全书格式的修改完善；感谢李好同学对第一章相关资料的整理和部分文字的撰写。感谢首都经济贸易大学出版社的大力支持。

本书是我们在广告专业人才培养路径上的探索和尝试，难免有不足之处，恳请各位读者批评和指正。

著者

2022 年 5 月

目 录

CONTENTS

第一章 智媒时代与广告人才培养 …… 1

第一节 智媒技术影响下的广告 …… 2

第二节 智媒时代的广告人才需求 …… 4

第三节 高校广告专业人才培养理念的变革 …… 12

第四节 高校广告专业人才培养路径的变革 …… 17

第二章 智媒环境下应用型广告人才培养模式 …… 25

第一节 人才培养模式的界定和构成要素 …… 25

第二节 应用型广告人才的界定及特点 …… 27

第三节 应用型广告专业人才培养模式变革要素 …… 30

第三章 从课内到课外：多元化实践教学路径的建构 …… 40

第一节 高校实践教学的内涵 …… 41

第二节 广告学专业实践教学体系 …… 43

第三节 课外实践教学建设多维度考量 …… 47

第四章 从学习到竞赛：项目驱动法在实训框架中的应用与效果 …… 54

第一节 广告学专业教学的“理论+实践”基本模式 …… 55

第二节 广告实践项目教学过程中的问题 …… 56

第三节 综合性广告人才培养的实训框架 …… 59

第四节 实训框架在综合性广告人才培养中的特点和效用 …… 64

第五节　项目驱动法与广告竞赛结合的教学实践 …………………… 65

第五章　从实践到实战：市场化产品拟真运营在人才培养中的应用 ……… 72
第一节　从实践到实战的广告人才培养模式探索 …………………… 73
第二节　广告人才培养的实战训练框架 ………………………………… 76
第三节　广告人才培养实战项目的困境 ………………………………… 80

第六章　从企业到校园：校园文创产品开发设计在人才培养中的探索 …… 84
第一节　广告人才培养模式的进一步创新 ……………………………… 85
第二节　成立校园文创产品产学研工作室 ……………………………… 88
第三节　基于校园文化资源的产品设计 ………………………………… 92
第四节　校园文创产品商业模式初探 …………………………………… 98
第五节　校园文创工作室存在的问题及对策探究 ……………………… 102

第七章　从内容到技术：虚拟仿真实验教学项目在人才培养中的实践 … 106
第一节　广告虚拟仿真实验教学项目建设背景 ………………………… 107
第二节　广告虚拟仿真实验教学项目建设目的 ………………………… 107
第三节　虚拟仿真实验教学项目资料准备及网络要求 ………………… 109
第四节　广告虚拟仿真实验教学项目对象及目的 ……………………… 113
第五节　广告虚拟仿真实验教学项目整体设计思路 …………………… 114
第六节　广告虚拟仿真实验教学项目方法与步骤 ……………………… 116
第七节　广告虚拟仿真实验教学项目特点 ……………………………… 128
第八节　广告虚拟仿真实验教学项目的推广应用 ……………………… 130

结　语 ……………………………………………………………………… 132

第一章　智媒时代与广告人才培养

媒介技术的不断发展带领人类社会踏入一个又一个崭新的媒介时代。在经历了“表现形式碎片化、生产主体大众化、传播结构大众化、传播平台分众化、多屏跨界多样化”① 的众媒时代后，技术的迅猛发展又推动我们来到了一个全新的媒体智能化的“智媒时代”，其主要特征为“万物皆媒、人机合一、自我进化”②。

综观当前的媒介环境，“以高速度、泛在网、低耗时、低延时、万物互联、重构安全为特征的5G技术成为核心的高速移动互联网将强力驱动传媒业态重构，促进区块链等信息技术应用全面落地”③。机器人写作、智能虚拟主播等现象将逐渐成为常态，“媒体融合向纵深推进，智能媒体与社会融为一体，成为经济社会的操作系统和原动力”④ 并真正改变媒介传播的格局，而由这一场信息革命技术所带来的社会网络化、数字化、智能化、虚拟化进程将进一步加快，这不仅关系到社会升级、经济发展、政治生态的优化，同样也对传播生态和媒体生态产生着巨大而根本性的影响。对于社会大生态进行全面、准确且客观的认知和理解，将是改革新闻传播学学科与专业体系教育的前提和条件。

同时，信息技术的快速发展，传播方式及传媒业态的变革推动着行业对于专业人才的能力素质和培养模式的需求升级，全媒型、专家型、创新型、复合型、应用型、专业型、国际型等多元化人才更容易受到行业的青睐。时代的变化及传媒格局的变迁使得作为人才培养第一站的高校不得不重新看待

---

① 唐绪军．中国新媒体发展报告 No.6（2015）［M］．北京：社会科学文献出版社，2015：7.

② 彭兰．智媒化：未来媒体浪潮——新媒体发展趋势报告（2016）［J］．国际新闻界，2016，38（11）：6-24.

③ 王哲平．智媒时代新闻传播教育的价值塑造、知识重构和能力再造［J］．中国广播电视学刊，2019（2）：65-70.

④ 廖祥忠．以“三个跨越”开启传媒高等教育新发展阶段［N］．光明日报．2020-12-08.

智媒时代下人才的培养目标和方案，通过创新人才培养理论，进行课程设置的更新、教学队伍的优化以及教育理念的转变等，真正做到使人才培养与社会需求紧密相连，切实通过专业教育为社会输送高质量新闻传播人才，从而实现专业办学的可持续发展。

第一节　智媒技术影响下的广告

第一，促进智能广告的形成。

人工智能技术对各方面的影响非常深远，人们对于人工智能（AI）技术的理解不仅停留在能下围棋的阿尔法狗，或者是无人驾驶技术、跟科幻电影里面一样的机器人，等等。在广义的人工智能语境下，其实营销广告行业很多自动化处理的场景里面已经包含了人工智能技术，比如应用了机器学习和深度学习的个性化广告推荐，人工智能生成广告文案、图片素材和创意，人工智能自动进行广告审核等。广告传播的“智能化”转向日趋明显，广告产品呈现全方面、高浸合、自动化特征，广告传播也开拓出新的路径。

关于智能广告的概念，目前并未达成一致。学者们引证较多的定义是“智能广告是以 Web3.0 为技术应用平台，以人工智能技术为支撑的一系列新兴广告形态”①。但也有学者对此有不同的看法，认为“人工智能是对人的思维以及信息处理过程进行模拟的技术集合，是人的思维过程的机械化表达，其最终归宿为机器算力和人类智慧的协同共振”②；“智能广告即基于可识别消费者的合规数据，遵循社会价值规范的算法，围绕用户接触点来定制数字品牌讯息的营销传播行为”③。

人工智能作为模拟人类智能，是实现机器智能的颠覆性技术，最初在广告行业的应用表现在程序化购买、实时竞价和数据分析管理等方面，随后横向扩展至广告运作的其他领域，进而对广告运作流程进行了系统性、颠覆性的重构。传统的广告运作一般表现为广告调查和市场分析、广告策略和广告创意制作以及广告投放和效果监测等环节。人工智能重构下的广告运作则主

---

① 易龙．论智能广告研究的价值及其框架的构建［J］．新闻界，2009（10）：151-152.

② 杜国清，牛昆．算力与智力的共振：智能生态广告传播路径探究［J］．现代传播，2021（3）：128-134.

③ 顾明毅．中国智能广告模型研究［J］．现代传播，2020（7）：125-131.

要体现在消费者智能洞察、广告智能创作、广告智能投放和广告智能应对四个方面。除了人工智能技术对于广告模式改革的加持以外，增强现实和虚拟现实（AR/VR）技术同样推动了智能广告前进的步伐。其一般运用于广告创意领域，能够通过虚拟现实技术为消费者带来全新的购物体验。Buy+是2016年4月1日阿里巴巴推出的全新购物理念，是使用虚拟现实技术、利用计算机图形系统和辅助传感器，生成可交互的三维购物环境。“Buy+利用TMC三维动作捕捉技术捕捉消费者的动作并触发虚拟环境的反馈，最终实现虚拟现实中的互动，从而全面提升用户的购物体验和感官感受。”①

第二，赋能计算广告的价值。

互联网技术的发展与跃升、可计算资源的持续增长、移动设备可获取的便捷性以及富媒体内容的普及推动人类社会进入了以数据为基础的高度计算化时代。

社会计算理论是计算广告的支撑框架，大数据是其形成的现实依据。计算广告的传播以大数据作为基础和起点，利用广告计算的原理，寻找目标人群，对其消费偏好和意愿进行判断，识别人群中不同个体的特点，进而向目标人群进行广告信息的投射，从购买广告变为购买目标受众。计算广告颠覆了传统广告从用户洞察到效果衡量的方式，开创了智能营销全链路的变革。

第三，实现广告与区块链技术的结合。

作为智媒时代典型代表技术之一，区块链凭借着“去中心化、不可篡改、透明开放的技术特点保障了数据的高度一致性和安全性”②，甚至被誉为“下一代价值互联网”③。值得关注的是，国内外的一些营销技术（Mar-Tech）公司，已经将区块链技术运用在了程序化广告方面，希望借用区块链的特征保证信息的透明公开④；同时广告作为数字交易的重要应用部分，如何有效保障交易数据的不可篡改以及解决数字广告流量造假都是区块链技术亟待解决的

---

① 黑科技VR. 淘宝Buy+：VR购物是一种怎样的体验［EB/OL］.（2021-10-09）［2022-01-15］. https：//www. sohu. com/a/494148070_ 120861011.

② 程维妙，许诺，张姝欣，等. 政治局集体学习的区块链是什么？距离我们还有多远？［N］. 新京报. 2019-10-26.

③ 秦福贵，郑新涛. 数字技术创新与广告专业人才培养模式重构的思考［J］. 广告大观（理论版），2018（5）：34-40.

④ 互联居. 广告技术和区块链的精彩［EB/OL］.（2017-11-23）［2022-01-05］. https：//blog. csdn. net/O2jW5joWV8OGMT7SKp/article/details/78610233.

问题；除此之外，利用区块链技术实现社交媒体用户对于保护个人隐私以及获取有价值的数字信息的需求，也有待进一步发展和完善。

智媒时代下，各种新技术重构了智能广告的时代以及智能广告的运作体系，业界对于智媒时代广告人才需求也进行了相应的转型升级。

第二节　智媒时代的广告人才需求

一、拥有良好的专业“品德”

媒介化是当今社会的重要特点，“在传媒发达的拟态环境中，人们的起居生活和重要判断无不以媒介的信息提供为准绳”①。放眼当下的智媒时代，无处不在的大数据、功能和形态多样的社会化媒体、各种虚拟现实技术以及快速发展的5G移动互联网都有力地加速了社会媒介化的进程。

掌握新兴媒介技术固然重要，但是培养一批有思想、有判断力、有责任感、有正义精神的媒体从业者才是更为重要的事情，这也正是传媒教育最为核心的理念。“立德树人”是高等教育的根本任务，广告专业人才培养应该将“立德”作为专业教育的一根主线，切实践行高等教育服务国家、服务民族的目标，将国家人才培养的“德行”教育融入广告传媒专业的商业特性中，强调广告宣传是媒体宣传的重要组成部分，广告要弘扬社会正气、引导健康消费观，广告要坚持真实、合规原则，媒体人应该重视公益广告宣传等重要内容。

对于广告教育来讲，培养人文主义精神、文化积淀和社会责任感以及正确的广告导向意识是高校教育的关键环节。只关注广告技能的传授，而缺乏人文主义精神的培养不仅会使广告学子缺乏自身特点和发展空间，使得广告教育水平下滑，更是对高等教育资源的重大浪费。对于新闻传播教育来讲，要倾心培养“有思想的新闻人，负责任的媒体人”。“有思想”即是指传媒从业者要有传媒专业眼光、职业素养，能甄别信息真伪，避免人云亦云，切实履行好后真相时代信息管家、时事顾问和意见领袖之责；“负责任”则是指要

---

① 白贵．商人阶层崛起的历史解读：评《媒介与商人——1983~2005〈经济日报〉商人形象话语研究》[J]．出版发行研究，2009（2）：49-50.

对历史和职业怀有敬畏之心，努力使“我们以为发生过的事情”最大限度地接近“真实地发生过的往事”。

传媒教育应当转变教学理念，明确学科的“引领作用不在媒介技术的研发与推广，更不应受技术决定论的诱惑而偏离了”① 传媒的本真，应当始终将人的主体性以及以人为本的精神作为技术变革的立足点，“在捍卫人文的基础上拥抱智媒技术并发展技术伦理教育”，这也是“高等传媒院校彰显人文的教育要义”②。

二、顺应广告产业结构调整

随着信息化、智能化、数字化技术应用的不断推进，传统意义上的广告产业逐渐转型升级为数字营销传播，并进入了智能互联时代。在移动互联网时代，针对垂直行业的移动广告平台在各自领域逐渐形成规模化经营，移动互联网广告产品的创新和成熟进一步吸引广告主向移动互联网广告市场倾斜。“移动程序化营销、场景营销、泛娱乐化营销、自媒体社群营销已然成为移动营销发展的趋势，整个网络广告产业趋于成熟，产业链更加完整。”③ 广告人才通过策划创意承担起新的营销观念和营销方式的执行任务，承担着新的专业分工。《中国新媒体广告人才需求的调查研究》指出，企业对于策划创意类岗位的广告营销人才需求最大，并且在创意传播公司中需求占比高达 79%，因为企业对策划的要求较为全能，从事这个岗位的广告人才除了要有强大的创意能力、丰富的想象力以及出色的方案写作能力等牢固的基本功训练以外，还要拥有强大的逻辑分析思维，能够精准洞察市场的需求等。由此可见，打磨好策划创意技能对于满足社会和行业的人才需求而言是极为重要的。

但是随着智能互联时代的发展，广告行业新一轮的转型升级结构调整也已经开始，“广告运作模式由传统的购买媒介广告位和流量方式向直接购买受众转变，大众传播模式向数字化传播模式转变，广告效果评估的模糊化向可

---

① 李明德，陈盼盼．不忘本来·吸收外来·面向未来：智媒时代的新闻传播教育［J］．新闻战线，2020（3）：50-52.

② 陈小燕，陈龙．智媒时代新闻传播教育的转型［J］．传媒，2020（9）：17-21.

③ 中商产业研究院．2017 年中国移动互联网广告市场规模分析及发展趋势预测［EB/OL］．（2017-04-07）［2022-01-16］．http：//www. askci. com/news/chanye/20170407/11383895363. shtml.

视化、精确化和实时化转变”①。“数字时代的广告信息编码方式发生了变化，从大众传播时代注重广告的形式特征到‘信息流广告’‘去符号化广告’”②成为移动互联网广告的主流。同时，移动互联网智能广告多以人工智能和大数据算法作为广告形式的技术支撑，“如智能搜索引擎广告、自动发布广告、微建广告、多感官广告等，其智能化体现在广告内容生成、广告发布方式、受众识别、广告效果监测等各个方面”③。大数据极具亲和力的个性化推送以及各种处理技术在广告活动中的实践运用，不仅充分提高了广告投放的针对性和有效性，更能够满足消费者渴望从广告中获得功用和情感等心理需求，而这也是智媒时代对于广告人才提出的全新要求。也就是说，不仅要让创意策划成为广告人才培养的关键因素，更要重视数据技术和数据思维的指导与建设，努力让学生发展成为与智媒时代相接轨的高级复合型广告人才。

三、形成智媒时代广告传播新理念

第一，重视内容生产和传播形式两个方面。

智媒时代广告传播形式越来越多元化，但广告人应该始终将内容生产和传播形式两个方面并重，即在强化数字化、智能化传播路径建设的同时，保持对广告内容生产的关注。例如，广告文案创作人员有时就需要心甘情愿当一个“码字工”，单纯深入思考“写”文案，发挥文案的抽象性、文字性，让作品逻辑化、深刻化。在视频化传播成为主流的新媒体时代，文案创作人员与其追求文案“视频化”，有时倒不如静下心来加强写作基本功的训练，充分加强文案写作的逻辑性、优美性等基本功。一方面，这种逻辑性可以修正模糊、有偏差的广告内容，对产品信息、品牌特性进行清晰准确的阐述；另一方面，这种文字特性可以提升广告作品的深度，尤其在论说体的广告作品中，可以充分发挥广告文案的表达优势。

第二，培养技术时代中受众的情感认同。

智媒时代具有很强的“科技感”，但数字时代下的内容生产、情感依赖更

---

① 廖秉宜．大数据时代中国广告产业的发展研究［J］．广告大观（理论版），2015（6）：12-17.

② 魏岚．改革与创新：数据广告人才培养模式的思考［J］．中国传媒科技，2021（6）：119-122.

③ 张可．促进智媒时代广告教育创新发展［N］．中国社会科学报，2020-11-05.

显得有温度。因此，在与用户建立情感认同的同时，企业还应该保持品牌在用户心中的位置，尤其重视社交媒体中情感关系的建构。如何激发企业及其产品与用户之间的情感共鸣，并以此提升受众的忠诚度和持续购买欲，是广告的核心目标所在。随着时代的发展，人们从广告中希望得到的不仅是产品的信息和功能，更希望通过这则广告传达的理念来与自己的某种情感立场产生共鸣。所以，广告从业者关注的焦点不能只停留在广告生产、组织及传播层面，更要深入挖掘品牌价值和广告的人文精神理念，使广告理念与用户产生价值认同及情感共鸣。

例如，2016 年火爆微博的 SK-II 创意广告《她最后去了相亲角》传达了品牌想要与女性用户进行沟通的价值观话题，即女性的婚恋状态不应当决定她们的命运，当然年龄也不能。又如，2017 年京东金融《你不必成功》这则视频广告文案，“你不必在本子上记录，大部分会议是在浪费时间，你不必假装殷勤一直记录。你不必总是笑，不必每一条微信都回复，不必处处点赞……你不必去知名的大公司追求梦想，你想逃离的种种，在那里同样会有。你不必去大城市，也不必逃离北上广。不必用别人的一篇十万加来决定自己的一辈子……你不必背负那么多，你不必成功”。广告产品的潜在消费者经常会遇到文案中描绘的相关场景，广告策划人员充分洞察消费者，用充满情感的文案与消费者真诚沟通，并用逆向思维去鼓励人们不必用传统的“成功”包裹自己。文案中“不成功”背后隐喻的其实并不是真正的不成功，而是年轻人不必去“讨好”领导，不必过度在意周围人的评价，不必特意去扮演别人眼中所谓的“成功”形象。如今，以情感文化吸引受众、以品牌精神提升顾客忠诚成为广告的重要方面，“品牌信仰”更是数字媒体时代企业的核心竞争力，广告从业者要认真考虑如何利用广告丰富多彩的形式去传达企业品牌和企业文化以提升广告传播的有效性和针对性。

第三，推动智能广告融合发展。

智媒时代的到来有效地推动了智能广告融合发展，各种新兴技术与广告的结合极大地提高了广告的传播效果及销售效果。利用大数据、人工智能、算法等新兴技术实现对符合目标用户需求的智能广告的精准投放，以及将 VR/AR 技术融入广告制作中，不仅能强化消费者对于广告场景的代入感，使得消费者能够在确保全新的感官体验的基础上参与广告活动，甚至能够通过智能广告直接实现销售和购买，而不仅仅停留在传统广告只能确保传播效果的程度上。因此，广告传播要更加注重推动智能广告的融合发展，从而打通消费者从信息接触、产品了解到最终购买行为之间的环节。

四、掌握智媒时代广告新兴技术

广告数字营销传播的发展大大提升了广告行业生态及广告作业流程的数字化。智媒时代的到来对广告人才提出了新的要求，即掌握更多能够与新时代接轨的数字化技能，养成大数据思维，拥有科学分析数据和灵活应用数据的能力。

智媒时代下大数据的出现，提升了人们对于培养大数据思维的重视程度。从通俗意义上来讲，大数据思维就是能够对数据进行整理、挖掘和分析，从数据中发现价值、分析问题。高校可以在挖掘教师的专业优势的基础上，通过对数据资料进行整合分析来提升数据在教育教学研究中的关键地位，同时加强对于智媒时代下数字广告人才培养模式含义的深刻认知。高校要在实践的基础上重点培养广告学专业学生的大数据思维意识，加强其相应的工程化能力和模拟算法知识，促使其掌握基本的业务常识和数据逻辑判断，增强他们的数据敏感度以及对于数据的分析和解读能力，从而构建个性化的数据分析法；与此同时，还要强化他们对于大数据背后所折射出来的社会现象的本质的洞察能力，推动学生从思维到行为的过渡，有意识地利用大数据来分析问题。例如，北京大学新闻与传播学院广告学系在《创意传播管理》课程中向学生讲解“数字营销策略制定、大数据营销的趋势发展，分别介绍了如字节跳动、巨量引擎、京东准通、腾讯广点通、微博粉丝通等互联网大数据平台的运作方式，以及快决测数字智能市场调研工具、筷子科技程序化创意工具等行业领先智能广告工具的组合”①，辅之以相应的大数据实战训练，真正提升了学生的大数据思维意识以及数据分析能力。

与此同时，广告专业人才还应该根据个人的具体情况，适度掌握大数据处理与分析软件、网络爬虫软件、数据可视化软件等各种新兴数字化软件的操作技能。借助相关软件，拥有解读数据的能力，掌握分析数据的方法，广告专业人才才能了解形形色色的数据背后的真正原理和与之相关的各类学科

① 陈刚．北大模式：广告教育的新文科建设与数字化创新［J］．中国广告，2020（12）：18-22.

知识，才能帮助广告人从根本上洞悉数据的规律，才能真正达到知行合一，并在数字化广告行业生态中站稳脚跟。

五、具备对智能技术的反思能力

广告行业新技术的使用通常都会引发社会、文化、伦理等多方面的联动变化。例如，在广告投放领域，传统媒体时代的广告投放主要依靠媒介筛选，“把关人”可以进行信息把关，但限制了广告受众的自主选择性；社交链条广告投放模式将广告投放话语权下沉到个体，但有时会形成圈层固化传播；当前的大数据算法推送可以提升广告送达的精准性，虽然不会形成高强度的“信息茧房”，但广告受众对广告作品的接受、认知、反馈路径发生了巨大改变，广告受众的审美模式在这种背景下也发生了前所未有的变化。

智媒时代的广告人才需要拥有数字营销能力，但不能“唯数字”化，广告人需要预判某些智能数字技术的广泛使用可能会引发的其他问题，规避这种技术带来的不足，让智媒时代的各项新技术更加合理、有效地促进广告行业的进步与发展。因此，广告人才在“拥抱”新技术的同时，还需要具备客观、冷静的反思能力。

当前大数据算法推送在广告领域已得到了广泛的应用，但也具有一些连带效应。

第一，可以造成广告受众审美经验的固化。

广告受众在社会生活中积累了非常丰富的审美经验，这种审美经验来自人们平时的艺术生活，也来自人们的日常生活。审美格调是人们在审美活动中长期积淀而形成的一种综合性审美情趣。在广告作品的传递过程中，受众的审美格调和广告作品的审美传递有时吻合，有时不吻合。广告受众在日常生活中接触各种不同类型的作品，不断地进行甄别和判断，强化审美能力，丰富自己的审美经验。对广告受众而言，正是这种螺旋式上升的审美经验保障了审美主体的主观能动性和判断力。在这种经验的发生过程中，受众在其他领域的审美经验、受众对广告作品的情感体验、广告作品自身的审美元素三者互相作用、互相影响，丰富受众的广告审美经验。受众是广告市场的最终消费者，他们的审美水平直接影响广告作品创作水平，毕竟广告作品不同于艺术作品，具有强烈的经济性。因此从长远考虑出发，广告受众需要适当接触多元文化情怀的广告作品，才能丰富自己的广告审美经验。

目前大数据的精准信息采集，为广告主提供了有力的数据库，通过计算机的推演和计算，广告主利用用户的广告浏览、阅读、转发、评论等情况寻找目标用户，同时根据目标用户的浏览习惯、转发评论次数、购买情况等信息，为用户提供量身定做的广告作品，保证广告作品的审美元素和受众以往的审美经验高度吻合，以确保市场效果，激发受众购买。尤其在人工智能快速发展的时代，不久的将来，广告设计的某些领域、广告投放的大部分领域都可以实现广告作品"千人千面""一用户一推送"的精准投放，这种精准投放正在从单纯的用户寻找向内容深耕发展。在这种情况下，广告受众只能接触和自己以往审美格调相匹配的作品，审美客体的固化一定会在不同程度上造成广告审美经验的固化。

第二，容易形成广告受众审美抵抗的升级。

传统的审美抵抗是一种不太可能调和的审美矛盾，审美客体和审美主体在审美接触、审美理解和心理感动三个审美发生阶段中的某一个或某几个环节中都会产生比较大的"非共鸣"。广告受众审美抵抗的发生原因就是广告受众的审美格调和广告作品中的审美元素发生了冲突，广告作品中的审美因子没有被受众纳入心灵感动中，甚至成了审美抵抗的发生源。在这种情况下，广告作品阻碍产品信息的积极传播，广告的经济效果也很有可能受到影响。

现代社会中这种传统审美抵抗现象发生的概率大大降低，因为广告主会通过大数据去寻找和挖掘广告受众比较倾向的某种审美体验，然后匹配与之对应的审美元素。但长此以往，呈现在某个广告受众面前的广告作品就会趋于同质化。例如，大数据统计显示，某位受众的广告浏览记录中，以某一颜色为主色调的作品经常被点击并浏览，广告设计者（或人工智能设计师）就会在未来的设计中，特意加强这种颜色在广告作品中的应用，以便有效打动广告受众。但在以往常规情况下，该广告受众每天接触的广告主色调是多元的，因此对这种颜色的偏爱会持续一段时间；但如果在大数据的推送下，广告受众频繁接触这种主色调的广告，他会不会提前启动审美抵抗？如果会，那么审美抵抗就会在这种应激中被激发、被扩大。这种被激发的抵抗需要积淀到一定程度才能爆发，进而转换为广告受众的实际行为。但这种积淀需要一段时间，不巧的是，在积淀的初期广告效果却是非常理想的，如果广告主没有意识到这个问题，在受众审美抵抗的前期时段仍旧进行持续性审美轰炸，必将缩短审美抵抗的爆发周期，从而引发广告市场中的“剧场效应”①，广告主和广告受众都将成为“剧场效应”的受害者。因此，我们在将技术引入广告领域的同时，一定要注意不可过度、过分地利用受众的大数据，防止物极必反。

第三，容易造成广告受众审美意识的漂浮。

以大数据采集与智能分析为代表的广告技术正在逐渐成为广告领域中极为重要的竞争武器，这种广告技术的应用可以缩短挖掘潜在广告用户的时间，合理规划广告主预算，帮助广告媒介“主动”提高广告投放效果，同时帮助广告受众“被动”聚合有用的广告信息。但在大数据的抓取和分析过程中，可量化的数据和指标是抓取的重点，这就会在一定程度上造成分析的盲点。例如，就广告效果领域而言，广告效果通常分为认知效果、心理效果、销售效果三个部分，认知效果和销售效果的指标大多是到达率、毛评点、转化率、购买情况等可量化的指标，互联网购物的日趋普及使这些数据的收集和分析更加便捷和可行。但广告心理效果方面的指标具有较强的隐蔽性，外显性较弱，同时又不容易被量化，在数据的遴选和分析的过程中会自然或不自然地被弱化、被忽视。没有心理效果指标参与的大数据广告投放方案有可能不完整，容易形成单纯强化销售效果的短视化评价体系。广告审美也是心理效果测评方面的隐性指标，这种指标不是大数据分析时代的“宠儿”，人们容易在不经意间忽略它们的价值和意义，长此以往，大众的广告审美意识就会越来越弱化，在这种漂浮的审美意识下，广告的经济功利性成为唯一的衡量指标，广告的社会功能被剥脱，这对社会整体文化建构是颇为不利的。

从长远考虑出发，审美意识的漠视会影响广告的经济效果。移动互联网让信息渠道多元，但也让人难辨真伪，经过时间洗涤的“后真相”时代告诉我们，真、善、美的广告作品才能长久赢得广告受众的信赖。我们不能以一种逃避的态度对待广告审美，当广告效果不理想时，匆忙回到“文化否定论”中，尤其是一些低俗广告在一片骂声中却导致产品销量走高，“精神不能被用来消费”的观点又一次动摇了本来就漂浮的审美意识。但纵观长期广告效果，短时间内的注意力关注不一定能长久支持产品的发展，任何媚俗广告的狂欢

① 剧场效应，指由于个体成员追求自身利益最大化，引发其他成员效仿而导致集体秩序失衡、整体利益受损的现象。

只是一种阶段性的假象，它只能是一种低级的模仿和复制，这种快捷的时间消遣只能暂时帮助人们逃避日常生活的乏味，然而当这种时间消遣成为一种习惯时，人们就会加倍厌恶自己的异化与逃避。道德和审美的追求才是真正支撑社会进步的恒久力量，才能见证产品的长久与强大。

新时代广告人才应该在运用大数据精准推送的同时，能够分析出上述问题，在实际的工作中，一方面，要避免“唯数字”论。在大数据推送之前，定量分析和定性分析一直是研究方法中的一对“双剑”，它们彼此平衡，各有所长。但大数据精准推送的出现，让人们惊喜地发现大数据的强大、精准分析的惊人效果，不经意间弱化了定性分析的重要性。但任何数字都只是数字，它不能取代人类思维的思辨性，在大数据的算法中，数字、逻辑、成本永远是核心关键点。但人和人工智能的最大区别就在于人有情感，人可以考虑社会效果、伦理文化等情感影响因子，最终形成系统判断。也就是说，我们可以在必要的时候，根据大数据算法推送的结果适当进行人为干预，拓展广告投放。简单地说，不要受众喜欢看什么就推送什么，而是要根据产品属性、用户特点、文化需求适当拓展广告类型，增加用户关注点的广度，丰富广告审美经验。相信广告主也愿意延展受众的兴趣范围，以便激发其购买欲。另一方面，要强化智能算法的多元性格局。智能算法会随着时间的发展不断优化，在干预优化的因素中，应该考虑广告作品的审美属性、价值维度这些隐性影响因素，不能单纯依靠浏览时长、购买频次等销售效果因素。这样可以帮助我们更科学和全面地进行广告推送，拦截单纯追求经济效果而不顾社会效果的广告推送，让算法更加包容，使其真正成为满足经济目标、建构社会价值的“助推器”。

面对大数据算法这种新型广告投放模式，广告人才不会也不应该“因噎废食”，但需要“未雨绸缪”，充分解读大数据推送等各项新技术对社会各个方面的影响，“拥抱”但不“依赖”数字技术，实现智媒时代广告行业的良性发展。

第三节　高校广告专业人才培养理念的变革

智媒时代的到来促进信息技术呈指数型爆炸增长，熟练掌握媒介技术的运用，为社会及行业输出高技能人才，成为许多高校和教师培训人才的理念和目标，但这种“过强的功利指向……成为时下新闻传播学教育的‘软肋’”①。教育以实现社会目标为宗旨，这充分反映了“专业标准屈从于行业标准”的理念。第一，对教师而言，功利为先的职业化教育模式使得“新闻学院并没有担当起批评者的角色，也没有训练出学生评判社会事务的能力”②。第二，对学生而言，为了能够在未来顺利就业，他们期盼着减少思维和心智的训练，而是切实提高自身的技术水平。但是对于广告传播者来说，弥足珍贵的是他们能够在纷繁复杂的广告技术和社会生活现象中，观察并发现新的问题，准确揭示出彼此之间错综复杂的关联关系。这种思维能力使他们能够在复杂多变的媒介化社会中看清社会现象的本质，对媒介事件有着自身独立思考和清醒的认知，而不是一味进行媒介审判或道德绑架。第三，对广告学者而言，“技术对年轻的从业者而言，是利好的，但是需要他们从战略层面理解和使用技术”③。优秀创意的生成应当以充分洞察大数据为前提和基础，因此对于数据的洞察、分析及管理的思维以及掌握如何把商业知识和消费者洞察连接起来的灵活应变能力对于广告从业者来说是更为关键的。总而言之，从单一功利性技术教育理念转变为人才思维和心智的训练应该是高校教育不断优化的重点部分。

除此之外，由于受到传统教育制度的影响，专业教育的课堂多以老师讲授理论、学生倾听为主，但这种模式不利于学生创新性思维的培养。同时，教学方式的单一、课堂互动环节的不足、理论与实践的脱节不仅会导致人才培养与社会需求不符，同样也使得学生难以感受到课堂活跃的气氛，从而无法激发学生的创造力和灵感，也引起了学生对于灌输式学习的疲惫感。如何改变灌输式教育理念，推动理论教学与实践相结合，真正激发学生的内在创新动力，推动学生自主学习，同样是高校教育理念改革的关键点。

一、“公·德·识·践”：广告人才培养的四个核心

“敬教劝学，建国之大本；兴贤育才，为政之先务。”高等教育对青年学

① 王哲平．智媒时代新闻传播教育的价值塑造、知识重构和能力再造［J］．中国广播电视学刊，2019（2）：65-70.

② The Commission on Freedom of the Press. A Free and Responsible Press［M］. Chicago：University of Chicago Press，1947：77.

③ 陈培爱，闫琰．中国新媒体广告人才需求的调查研究［J］．新闻与传播评论，2020，73（4）：20-31.

生的思想道德教育融入专业认知和学习，这是广告专业教育的立足点和出发点。广告专业教育应该以“广告为公”的更高站位引导学生德行品质的内涵提升，促进学生用先进的、进步的理论提升素养，并融合转化为实践的能力，用实际行动促进民族振兴和社会进步。概言之，即广告专业人才培养中要具备相互融合、相互促进的“公”“德”“识”“践”四个核心理念。

（一）以“公”为导向提升眼界

广告专业人才培养应该坚持思政教育与专业教育相结合，着力构建以马克思主义基本原理、社会主义核心价值观、马克思主义新闻观为指导的专业教育体系。结合广告专业特点，坚持以“公”为导向，坚持教育为国家、教育为人民，切实将国家发展和民族复兴这一宏大主题与中国特色的广告产业发展和专业发展深度融合，在更高站位上对传统的“立德”教育加以丰富和提升。

广告宣传是媒体宣传的重要组成部分，以“广告为公”的思想导向拓展广告概念的内涵和边界，引导学生转变“广告为商”“广告为私”的认知偏差，正确认知广告在弘扬社会主义核心价值观、宣传党的方针政策、弘扬中华文化和中国精神、塑造和传播中国及城市形象、宣传中国品牌等方面的重要作用。

（二）以“德”为标准塑造品行

将“公”为导向作为基石，并将对国家、民族和人民的情感和责任内化为每一个学生的德行品质，是广告专业“立德树人”的重要内容，要始终将“立德”作为专业教育的一根主线。

首先，切实践行高等教育服务国家和民族的目标，以公益广告和公益文化传播为核心，充分调动和发挥青年学生在弘扬社会主义核心价值观、宣传党和国家方针政策、弘扬中华文化和中国精神方面的积极性和创造力，引导和带动青年学生参与城市形象、城市传播、国货品牌的塑造和传播活动，培养出有理想信念、有情怀善意的广告人才。

其次，切实践行服务人民、服务美好生活的目标，坚持广告的合法、真实、合规原则，引导学生建立健全的人格、健康的消费观、合法自律的行为，保证学生在纷繁复杂的商业广告活动中始终保持清醒的头脑和正确的行为。

（三）以“识”为基石扎实素养

广告专业人才培养需要始终重视夯实和拓展学生的理论学习，培养“有学识”的广告人才。当今，广告与前沿技术和社会文化的关联愈加紧密，对广告人才的理论水平、技术和人文专业素养提出了更高要求，因而，我们的理论教学向学生讲授广告行业、媒介环境、媒介操作、广告实践等基本发展规律的同时，还要结合新技术、新要求，不断拓展学科融合的理论边界，不断深化学科认知，重视对广告产业活动和广告实践活动的一般性原理的理论提升和对未来具有前瞻性和预见性的理论构想，重视从人类文明发展的视角出发，从经济、社会、文化各个领域深入探讨和研究。在理论架构上，主要包括广告发展历史和理论；数据、计算等技术相关领域的专业理论；思想文化、传播学、美学、社会学、人类学等相关专业理论；广告制作和实践理论。要不断更新完善对学生理论体系的建构和培养，帮助学生逐渐通过对理论的梳理和判断，深化对广告学科的专业认识，并进一步形成正确的专业立场和价值判断。"识"是"公"与"德"指导下的理论学习和素养提升，又对学生在"公""德"方面的进步和完善具有重要的建构意义。

（四）以"践"为路径提高技能

广告专业人才培养应该重视实践在学生能力培养中的重要作用，建构以学生为本的一体化、科学化的"理论+实践"模式，通过"见识、学识、实训、实战"（简称"四识/实"），完成"服务公益、服务校园、服务行业、服务社会"（简称"四服"）的一系列"专业服务活动"，通过实践展示和发挥"公""德""识"的教育成果，检验和反馈广告专业人才培养效能，促进学生导向、品行、认知、实践的全面提升。

坚持倡导院系和政府、行业之间创新互补、共享融合、协同发展理念，加快驱动实践、实训和就业模式的革新，搭建资源共享合作机制和平台，鼓励学生加强大数据、超算、人工智能等技术领域的实践活动，鼓励学生在实践中深入了解科技革命和产业变革新模式、新业态，把握新机会。

二、"德·能"并行：广告人才培养的两个驱动

围绕"公·德·识·践"的核心培养目标，广告专业人才培养应该以"立德""强能"为双驱动，一方面强调思想意识的培养，另一方面强调专业技能的加强，并行推进人才培养。

（1）"立德"贯通化驱动。将"公"作为强化导向、提高认识的根本，通过思政教育与通识教育、专业教育相结合，促进"公"内化为学生道德品行的"德"，再用内化的"德"夯实青年学生的思想认知、提升青年学生的

观念站位。当前，面对媒介技术的迅猛发展，广告产业生产场景、营销途径和传播手段不断更新，数据和计算深刻嵌入、受众需求和喜好的快速转变与极度细分、数据安全和个人隐私问题凸显，“公”与“德”的教育将成为应对前所未有的跨学科、专业化发展巨大挑战的重要保障。

(2)“强能”贯通化驱动。将“识”作为学生专业教育的基石，重视理论对实践的指导意义，加强通识理论对学生素养的基础性作用，加强对大数据、云计算、机器学习和人工智能等新技术背景下广告产业变革中新兴理论的引入，帮助学生提升应对广告传播规律与运作形态重大变迁的能力。将“践”作为检验和提升学生专业能力和行为素养的重要途径，在时代潮流和行业运作中综合运用并不断补充升级其知识储备和实践技能，综合社会资源和行业力量，聚合完善专业培养的框架；同时，也要强调学生在实践中对广告的形态和发展不断进行思考和总结，深化对理论的理解、认知和创新研究。

明确“立德”与“强能”两个驱动路径后，需要将两个驱动体系有机融入人才培养过程中，通过对教学体系的整体规划，将“四识/实”和“四服”内容深入贯彻，以贯通化培养的实践模式，建构具体化、可操作的实践体系（如图 1–1 所示）。

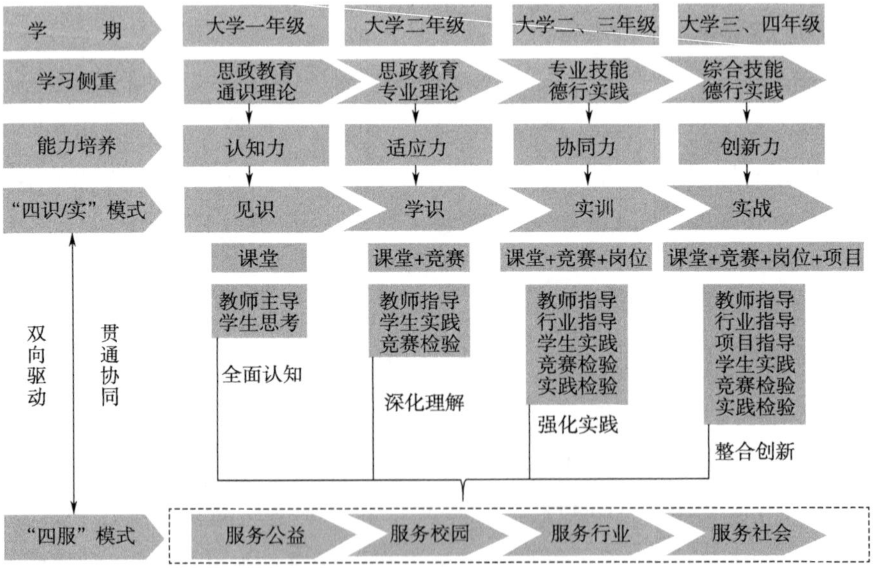

图 1–1 广告人才培养实践体系

第四节　高校广告专业人才培养路径的变革

“十四五”时期，我国高等教育也面临着新的机遇和挑战。“要推动传统传媒教育向智能传媒教育跨越。智能传媒时代即将到来，需要构建与之匹配的智能传媒高等教育体系。面向智能传媒教育，必须加快完善与智能传媒教育相匹配的学科布局、专业课程布局、教师知识转型、科研与服务布局等。”①

一、敢于“破圈”：融合发展学科建设

在媒介交融和信息技术革命的大背景下，传统广告课程设置需要进行适当迭代。高校教育应当致力于推动跨学科、跨领域之间的融合发展，“突破‘学科割据’的藩篱进行自由的‘跨界对话’”②，这样可以弥补单一课程的不足；同时高校要整合自身的课程资源，在专业课程设置上紧跟各种新兴智媒技术的脚步进行及时的调整与更新，如广告学可以结合人工智能、信息技术学、社会学、营销学等知识体系进行交叉授课、融合发展。构建跨学科、跨领域的知识体系，同时注重交叉学科之间的协同融合发展，推动新闻传播教育或广告教育学科从传统的文科授课转向交叉互融学科授课。学科融合发展带来的不仅是课程内容的丰富，更能使学生接触到多元化学科知识，在开阔视野的同时提升自身的学科素养。国内有些高校已经在这方面进行了有益的探索，例如，2020 年 10 月 17 日，中国传媒大学传播研究院以突破学科界限、创新理论和范式、推动学科融合发展为目的举办了“智能 · 传播 · 社会：跨学科融合与挑战”首届智能传播论坛，论坛旨在聚焦国内外智能传播领域前沿和新兴研究议题，共同探讨技术革新与社会进步中信息传播的功能和责任。又如，中国人民大学新闻学院与蓝色光标传播集团联手共同打造“未来传播学堂”平台，旨在“培养跨媒体、跨学科、跨文化的高级新闻人才”③。

但同时我们需要注意的是，在推动新闻传播学、广告学与其他学科进行交叉融合的过程中，要始终坚持学科的自主性和独立性，不能使学科在融合

① 廖祥忠．以“三个跨越”开启传媒高等教育新发展阶段［N］．中国青年报，2020-12-08.

② 王哲平．智媒时代新闻传播教育的价值塑造、知识重构和能力再造［J］．中国广播电视学刊，2019（2）：65-70.

③ 佚名．中国人民大学与蓝色光标合作成立“未来传播学堂”［J］．国际公关，2016（4）：29.

发展的洪流中迷失方向，要以学科自身的特色和基础理论为根基，其他学科的交叉融合作为一种创新和增补，以真正达到交叉融合、为己所用。

二、勇于“破浪”：改革专业课程建设

（一）课程体系转型升级

信息传播技术浪潮的涌动使得“全球学术大生态呈现出大汇流和大融合的趋势，日益朝着问题导向、学科交叉、研究协同、方法融合等方向发展”①。传播学科则与大数据、云计算、人工智能等新兴技术结合，呈现出交叉融合的发展态势。然而值得注意的是，对于新闻传播教育而言，一些高校仍然将课程设置停留在针对传统报业需求的采、写、编、评、摄、播的基础课程体系中，甚至将其划分为独立的几门课程并且由不同的教师授课；对于广告教育而言，许多课程仍然单纯强调针对内容生产的创意审美能力、对市场推广的运营管理等能力的大力培养，而忽略了对广告效果的数据分析等能力的训练，这样的课程显然还是为了适应工业时代的需求而设置的。在复杂的网络时代乃至即将来临的智媒时代，人才培养需求不能仅停留在专业的内容生产能力上，更要看重“信息分辨、采集、筛选、加工、整合、审查、分发等综合素养”②。对于广告教育来说，在大数据时代能够敏锐捕捉数据的动态变化，充分锻炼对受众数据获取、收集、管理和分析的能力，才能真正适应智媒时代对于人才培养的需求。然而，这些媒介素质和信息捕捉能力在不少高校的课程上却难以真正获取，由此可见，改革课程设置是推动高校教育进一步发展的必由之路。

在智能媒体快速发展的时代，高校教育应当在课程体系中积极增加与新兴技术、新兴方法、业界前沿理论相关的课程内容，推动课程体系的转型升级。由于大多数传媒学院的基础都是来源于文学院，教师大多数来源于文学领域，因此新闻传播学或广告学专业的大多数常规课程都以文化为导向，普遍带有文学的影子，业界前沿理论、新兴技术等相关课程内容的缺乏使得学院、教学队伍以及学生在社会对于传媒人才的培养需求、传媒行业的发展现状以及传媒学科未来发展趋势上没有一个系统和全面的认知。高校教育可以

① 胡正荣．智媒时代的新闻学专业建设［J］．传媒，2020（9）：1.

② 李明德，陈盼盼．不忘本来·吸收外来·面向未来：智媒时代的新闻传播教育［J］．新闻战线，2020（3）：50-52.

适当增设更加符合当今时代发展要求、更加贴合时代气息的课程，带领学生了解相关前沿理论知识，掌握新兴技术，培养具有先进思想和理念、符合社会行业发展需要的专业人才。暨南大学广告系“以培养学生对于‘数字+智能’营销传播的洞察力和创造力为教学基点，在课程体系上增设网络与新媒体知识群、数字营销传播知识群、数字媒体创意与设计知识群等，增设数据挖掘与应用、计算广告学等新课程”①，培养智能时代的卓越广告人才。

（二）课程形式多元有效

传统教育制度的深刻影响使得现代专业教育课堂上形成了以教师讲授理论、学生倾听为主的教育模式及教育理念，教育模式单一、课堂缺乏互动，难以培养学生的创新思维和创新意识。高校教育应当转变灌输式教育理念，变被动课堂为主动课堂，活跃课堂氛围，激发学生的创造力和创新意识。

首先，高校教师可以营造课堂研讨的学习氛围，提出一个学习主题，鼓励学生大胆参与讨论而不是直接灌输知识，在讨论中让学生自主寻找答案，从而助力学生创新思维的培养；其次，高校教师可以与学生在课堂上互换身份，让学生充当知识讲解者的角色，这不仅能够活跃课堂氛围，更能让学生感受主动探索知识的魅力从而形成自己对于理论知识的见解和看法，锻炼学生的思考能力，变被动课堂为主动课堂；最后，教师要鼓励学生培养批判性思维和质疑精神，可以在课堂上对教师的观点提出自己独特的想法，同时能够创新性地将自己所学的知识进行灵活组合和运用，最终达到思维训练与知识学习相统一。

（三）课程分配比例优化

“没有通识教育的专业教育，学生获得的专业技能只能是没有灵魂的躯壳；而缺乏专业教育支撑的通识教育，也容易成为一种缺乏根基的空中楼阁。”② 高校教育应当注重基础课程与技术课程协同发展，寻找到二者共赢的平衡点，在课程设置上科学合理设置各自的课程课时量，在培养好学生扎实的学科理论的基础上，提升学生对于新兴智媒技术的熟悉程度和掌握能力。

为了应对新媒体技术日新月异的变化，高校培养人才要注重两方面：“一

① 朱磊，杨先顺．以专业国际认证为驱动，建构智能时代的“三化育人”培养模式：以暨南大学广告系为例［J］．现代广告，2020（10）：62-65.

② 柴葳．学科跨界原来可以这样搞：中国政法大学深度整合资源，打破学科壁垒，让优秀教师施展拳脚［N］．中国教育报，2016-05-14.

要注重面向智媒时代、锻炼他们对最新智媒技术的动手能力，这是传媒人才的安身立命之本；二要训练学生扎实、开阔的理论视野，创新意识，以及基础的数据和研究方法素养，从方法基础去理解数据、培养数据敏感性，能洞悉和发现数据背后的问题。”①

在大数据时代下，许多高校都在探索新闻传播学科、广告学科与各种新兴技术如媒介技术、信息技术等相融合，以期达到互相兼顾，实现共赢。但在具体实践过程中，却往往更加重视技术类课程的学习，以社会目标的达成为宗旨，其结果往往是课程分配比例显著失衡。为了进一步增加新兴技术类课程的课时数量，许多专业基础课程如新闻学理论、传播学理论、广告效果研究等基本功的学习没有得到足够的重视，与此同时，还从课程体系中减少了许多综合素质课程如中国文化、中国国情等的课时数量。过度重视技术类课程的学习会使得教育产生过强的功利指向，基础课程的压缩无法真正培养起新闻传播人和广告人的价值理念和人文精神，“一切都在向着实用技术、操作技能的方向迈进，人文情怀和真善美的价值追求似乎越来越淡化”②。如何才能真正寻求技术类课程与专业基础课程比例间的平衡点？这是值得高校教育者细细思索的问题。

三、精于“大先生”：加强师资队伍建设

（一）加强教师的“育人”意识

“百年大计，教育为本。教育大计，教师为本。”党的十八大以来，以习近平同志为核心的党中央高度重视教师队伍建设问题。2016 年 12 月，习近平总书记在全国高校思想政治工作会议中强调：“教师做的是传播知识、传播思想、传播真理的工作，是塑造灵魂、塑造生命、塑造人的工作。教师不能只做传授书本知识的教书匠，而要成为塑造学生品格、品行、品味的‘大先生’。”智媒时代的到来对人才培养者——教师的素质要求也越来越高。大学教师承担着启迪学生和培养学生的重要角色，教师如何提高自身媒介素养从而应对智媒时代的挑战，是推动教师优化的首要思考因素。

---

① 李晓静，朱清华．智媒时代新闻传播学硕士培养：业界的视角［J］．现代传播，2018（8）：160-165.

② 李明德，陈盼盼．不忘本来·吸收外来·面向未来：智媒时代的新闻传播教育［J］．新闻战线，2020（3）：50-52.

高校教师不仅要传授知识，更要“育人”，教授为人的道理、做事的道理，弘扬中华民族精神，并用自己积极、乐观、模范的精神和行为影响学生，健全学生品格，树立道德情操。

（二）加强教师广告实践能力

目前我国大部分高校的新闻传播学院成立时间都较晚，并且相当多都是以文学院作为基础的，这使得新闻传播学院内部的课程设置大多保留着文学教学的思维。同时，由于学院成立时间较晚，许多学科的知识沉淀较少，并且在专业教育上没有太多可供借鉴的成功经验，这也给新闻传播学院的建设带来了巨大的挑战。就任课教师而言，从事新闻传播学教育和广告教育的教师，大多来自文学领域，其在媒体传播、媒体生态建设抑或是市场学、信息科学、受众心理分析等方面的专业知识还缺乏一定的专业性和系统性。同时，许多年轻教师刚从学校毕业不久便进入高校从事新闻传播教育或广告教育，虽然其中有一部分教师的专业知识过硬，但是真正的行业实践经验却十分欠缺，对于媒体行业的未来发展动向和趋势、社会对于人才培养的需求没有一个全面、清晰、系统的认知，这使得他们在教学上往往注重理论的输出而无法将理论与实践结合起来，往往造成专业教育与社会需求脱节。

除此之外，“较之于传统的大众传媒时代，融媒体时代的采、写、编、评、摄、播等生产要素的创新不仅突破了既有的传媒格局，也加快了从事新闻传播教育老师的知识折旧速度”①，许多教师或许是第一次听说或见识各种新兴岗位，如社会发现总监（Director of Social Discovery）、社交媒体和社区编辑（Social Media Editor）、创新实验室（Innovation Lab）主任等；而无人机信息采集、虚拟演播室制作、用户场景体验等各类转型升级的技术，大部分教师并没有亲身实践过。“忽如一夜春风来，千树万树梨花开”，各类新兴技术、新兴业态、新颖产品的突然涌现极大地挑战了新闻传播学教师的学习能力，“如今他们不仅要知晓传播的偏向、六度空间、创新扩散等理论学说的内涵特征，而且还要了解大数据、云计算、人工智能、场景化、区块链等新兴技术的机理运用”②。人文学科与自然学科之间的壁垒在逐渐消融，只有真正掌握

---

① 王哲平．智媒时代新闻传播教育的价值塑造、知识重构和能力再造［J］．中国广播电视学刊，2019（2）：65-70.

② 王哲平．智媒时代新闻传播教育的价值塑造、知识重构和能力再造［J］．中国广播电视学刊，2019（2）：65-70.

人文与技术、理论和实践双重本领的教师才能在信息技术革命的滚滚洪流中“百战百胜”。

与此同时，学院在师资配备上除了要吸纳通晓传统新闻传播学和广告学理论知识的教师力量外，还要注重引进拥有跨学科、跨领域系统知识的高级人才。借助高级人才对于学科融合发展的理念和想法，带动学院整体师资队伍对于课程交叉融合相关知识和教学方法认知的提升。

（三）加强教师数字能力

高校教师要不断强化自身的专业素养，对新闻传播学教育以及广告学教育有系统性的清晰认知，着力巩固自身专业知识和专业技能。智媒时代的到来，推动互联网技术快速发展，信息量的日益充盈为高校教师的专业学习提供了更为广阔的知识学习共享平台，各种网络公开课的出现极大地丰富了教师的教学资源，教师可以以低成本、低门槛的方式参与到名校课堂的学习中，与各大高校教师在理论学习上进行思维的碰撞，从而不断提升自身对于本专业教育以及学科未来走势和前景的认知和理解。

在新时代的推动下，高校教师还要重点提升自身的数字能力。联合国教科文组织认为，“数字能力指能够通过数字设备和网络技术，安全、适当地访问、管理、理解、集成、交流、评估和创建信息，以参与经济和社会生活，它包括各种素养，即计算机素养、信息技术素养、信息素养和媒介素养”①。高校教师应当了解与信息革命技术时代息息相关的前沿技术和理论知识，如数据分析、数据清洗等，不断强化自身对于新技术、新业态、新产品、新理论的学习，在推动媒体融合的重点领域培养全媒型能力和数字能力，努力与智媒时代发展接轨，真正做到与时俱进、自我更新。

四、擅于“整合”：协同理论研究与实践平台

在传媒生态中，“每一个维度的每一个变化，都意味着更多非媒体力量的进入。这也意味着传媒业原有边界的进一步消融，一个极大扩张的传媒业新版图将在新的角逐中形成，新的生态也在这样无边界的大格局中重构”②。高

① 于晓雅．人工智能视域下教师信息素养内涵解析及提升策略研究［J］．中国教育学刊，2019（8）：70-75.

② 彭兰．智媒化：未来媒体浪潮——新媒体发展趋势报告（2016）［J］．国际新闻界，2016，38（11）：6-24.

校教育应当树立理论与实践齐头并进的理念，传媒教育无法离开对于传播大环境以及市场环境的把控，只有将课堂理论与社会实践相结合，才能真正培养出符合社会需求的传媒人才。高校可以加强与媒体的深层合作，“通过引智协作聚集业界的优良教学资源，通过业界的协助给人才培养带来最前沿的动态和最真实的声音”①；同时高校可以建立校企联合人才培养机制，与各培养单位进行联合定向培养，除了在课堂上给学生传授业界常态知识和技术以外，还可以促使学生到合作的企业中进行实习和实践。这不仅能够巩固学生的理论知识，还能丰富学生的实践能力，培养出符合行业要求的新型传媒人才。

传媒教育无法离开对于传播大环境以及市场环境的把控，广告学专业尤其如此。众所周知，广告学专业具有极强的实践性和应用性，高校要在坚持广告理论教学深入研究的同时推动广告实践教学协同发展，高校要创建各种实践工作坊、实践项目，或者让学生多多参与到学校的大数据实验室的平台中以增强实践技能；同时，高校要与业界加强合作，开展渠道和形式多样化的战略活动，让学生能够到合作企业中学习相关广告的知识技能以及实习培训。例如，北京大学新闻与传播学院广告学系在《创意传播管理》课程中运用大数据营销传播实战教学的方法，以数字化营销传播新模式“创意传播管理”为指导理论，将广告主、广告技术平台资源进行整合，有力地推动了广告专业教育教学数字化创新。“逐渐形成了系统的、基于互联网大数据平台的数字营销实战教学模式”②，全方面培养了学生动手操作的能力、数据分析的能力、技术应用能力、沟通管理能力和学术研究能力。而暨南大学广告系则采用“敦聘业界知名专家为客座教授、研究生导师或创新创业导师”的方式，尽最大努力为校内学生争取外部教育资源与平台，从而不断优化其实践教学系统。

综上所述，智媒时代的来临以及智能互联技术的发展给了世界各国重新站在媒介发展和广告发展同一起跑线上的机会，基于新兴技术发展而来的新的广告行业生态的变化，为中国广告业注入了新的发展动力。新时代发展带来了新的人才需求，社会和行业呼唤着高校广告人才培养模式与路径的创新，大力改革传媒人才培养的课程设置、教学队伍以及教育理念势在必行，以确

---

① 彭翠，赵金灿．智媒时代的新闻传播教育改革［J］．青年记者，2018（2）：111-112.

② 陈刚．北大模式：广告教育的新文科建设与数字化创新［J］．中国广告，2020（12）：18-22.

保高校教育能够“紧跟未来智能技术发展，加快本科专业迭代升级，完善智能传媒类专业建设布局，打造高水平智能传媒类专业与课程”①，从而推动人才发展、教育升级、社会进步。要将专业教育和创新创业教育相结合，促进学生的专业可持续发展以及自我提升，从而真正满足智媒时代下社会及行业发展对于应用型广告人才的需求。

① 廖祥忠．以“三个跨越”开启传媒高等教育新发展阶段［N］．中国青年报，2020-12-08.

第二章　智媒环境下应用型广告人才培养模式

2018 年，习近平总书记在全国教育大会上的重要讲话中明确指出，高校要“着重培养创新型、复合型、应用型人才”，这为高等教育的人才培养指明了方向。广告学是一门应用性极强的综合性学科，是关于组织广告活动的方法和策略，能够促进社会文化和商品销售的科学的艺术。近年来，随着数字媒体技术的迅猛发展，涌现出更多广告传播渠道和营销方式，因此需加强应用型广告人才的培养，助力于行业健康发展和持续进步。

智媒时代的到来，促进了广告学学科的发展，同时也给高校广告学教育带来了巨大的挑战。对于高校来说，随着近年来“扩招”趋势的加剧，毕业生就业问题遇到严峻挑战。广告行业就业市场情况反映出具有创新精神、专业技术、实践能力的学生更容易实现理想就业；而专业综合能力相对较弱的学生，通常很难满足人才市场的需求，在业内很难找到具有发展前景的职位，甚至难以立足。因此，在新型教育就业背景之下，广告人才培养模式需要随之转变。广告教育者需要结合所在高校和专业的具体情况，探索智媒时代应用型广告人才培养模式和路径。

第一节　人才培养模式的界定和构成要素

一、人才培养模式的界定

“人才培养模式”是指在一定的现代教育理论、教育思想指导下，按照特定的培养目标和人才规格，以相对稳定的教学内容和课程体系、管理制度和评估方式，实施人才教育的过程的总和。

高校提出“人才培养模式”这一概念最早见于文育林 1983 年的文章《改革人才培养模式，按学科设置专业》，其内容是关于“如何改革高等工程教育的人才培养模式"[①]。刘明浚于1993年在其主编的《大学教育环境论要》中首次对这一概念作出明确界定，提出"人才培养模式是指在一定办学条件下，为实现一定的教育目标而选择或构思的教育、教学样式"[②]。1998年，在教育部召开的第一次全国普通高校教学工作会议上，时任教育部副部长的周远清同志曾对这一概念作出过阐述，他认为所谓的人才培养模式，实际上就是人才的培养目标和培养规格以及实现这些培养目标的方法或手段。同年，教育部下发的文件《关于深化教学改革，培养适应21世纪需要的高质量人才的意见》中指出，"人才培养模式是学校为学生构建的知识、能力、素质结构，以及实现这种结构的方式，它从根本上规定了人才特征并集中地体现了教育思想和教育观念"。

20世纪90年代以来，随着人们对人才培养模式关注度的增强，相关的研究迅速增多，关于培养模式，基本上都将其界定为在教育思想、教育理论指导下的一种关于人才培养的方式。但也存在着分歧：在培养模式的指向上，存在强调培养目标还是强调素质结构的差异；在培养模式的属性上，有些学者认为应该是一种静态的"方式"，而有的则认为是一种动态的"过程"，更多的学者认为是静态与动态的结合；在人才培养模式的外延上，少数学者认为包括整个教育管理活动，一些学者则把人才培养模式限定在"教学活动"中，此外，更多的则持中间立场。

二、人才培养模式的构成要素

党的十八大以来，习近平总书记围绕"培养社会主义建设者和接班人"做出一系列重要论述，深刻回答了"为谁培养人、培养什么人、怎样培养人"这一根本性问题，"为党育人，为国育才"是统领高校人才培养模式的纲领。按照这三个方面，高校应用型人才培养模式主要涉及三个方面：一是为谁培养人，这主要涉及价值层面的培养目标；二是培养什么人，这主要涉及知识层面的培养内容和培养规格；三是用什么培养人，这主要涉及通过什么方式、途径培养人，是行为层面教育途径和教育方法。

围绕着这三个问题，我们可以把人才培养模式的主要构成要素分为目标

① 文育林．改革人才培养模式，按学科设置专业［J］．高等教育研究，1983（2）：22-26.

② 刘明浚．大学教育环境论要［M］．北京：航空工业出版社，1993：89.

要素、内容要素和方法要素。“第一，目标要素，它是全部教育工作的核心，是一切教育活动的出发点和归宿，同时也是确定教育内容、选择教育方法、检查和评价教育结果的依据；第二，内容要素，它是为实现教育目标经选择而纳入教育活动过程的知识、技能、行为规范、价值观念、世界观等文化总体；第三，方法要素，教育方法是为实现教育目的、掌握教育内容而采用的程序、方式和手段的总和。”① 目标要素是人才培养的起点；内容要素通常是课程、专业、教材及其所涵盖的知识，学生们的专业品德、大局观念、服务国家的意识形态也是教育内容中不可分割的一部分；方法要素日趋多元，是整个教育活动程序中各种线下、线上、理论、实践教学方式手段的总和。

第二节　应用型广告人才的界定及特点

2020 年 7 月 30 日，为贯彻国家相关战略要求，落实《国务院办公厅关于深化产教融合的若干意见》和《教育部、工业和信息化部、中国工程院关于加快建设发展新工科 实施卓越工程师教育培养计划 2.0 的意见》等文件精神，推进现代产业学院建设工作，教育部办公厅、工业和信息化部办公厅印发了《现代产业学院建设指南（试行）》（以下简称《指南》），就高等教育建设和发展提出方向性指导。《指南》以习近平新时代中国特色社会主义思想为指导，深入贯彻党的十九大和十九届二中、三中、四中全会精神，贯彻落实全国教育大会精神和《中国教育现代化 2035》，以立德树人为根本任务，以学生发展为中心，突破传统路径依赖，充分发挥产业优势，发挥企业重要教育主体作用，深化产教融合，推动高校探索现代产业学院建设模式，建强优势特色专业，完善人才培养协同机制，造就大批产业需要的高素质应用型、复合型、创新型人才，为提高产业竞争力和汇聚发展新动能提供人才支持和智力支撑。

一、应用型广告人才的界定

应用型人才是指能将专业知识和技能应用于所从事的专业社会实践的一种专门的人才类型。高等教育培养的应用型广告人才，要有扎实过硬的广告

① 魏所康．培养模式论：学生创新精神培养与人才培养模式改革［M］．南京：东南大学出版社，2004：25.

应用能力，但同时不能是简单、重复的应用，应该在应用的过程中拥有一定的探索、创新的意识和能力。应用型广告人才主要有以下特点：

（1）应用型广告人才的知识结构是围绕着广告专业实践能力培养而搭建的，在课程设置和教材建设等基本工作环节上，强调基础、成熟和适用的知识，同时鼓励在广告应用中融入创新精神。

（2）应用型广告人才的能力体系也是以市场实践和广告实战为核心目标，在能力培养中特别突出对基本知识的熟练掌握和灵活应用，虽然对广告学术研究没有过高要求，但也应该具有一定的理论专研精神。

（3）应用型广告人才的培养过程更强调与广告实践、广告市场、新媒体发展相结合，更加重视实践性教学环节如实践教学、实验教学、专业实习等，通常将此作为学生贯通有关专业知识和集合有关专业技能的重要教学活动。

应用型广告人才主要是高效、熟练、准确地应用知识，在广告行业新媒体化、智媒体化的过程中，社会对这种人才的需求占有较大比重，是大众化广告高等教育必须重视的一类人才，也正是这种巨大的人才需求，为高等院校的发展提供了广阔的空间。应用型广告人才同样需要经历一个复杂的培养过程，能够客观反映一所高校的办学水平。

二、应用型广告人才与创新型、复合型能力的关系

（一）应用中养成创新精神

高校应用型广告人才的培养不能是单纯将理论和技术应用到实践中的技术“搬运工”，而应该培养学生在应用中养成主动思考、创新思考的习惯。应用型广告人才一方面需要有扎实、丰富的基础理论知识和科学知识；另一方面又需要有严谨的实践态度，在实践中继承过往文化科学的精髓，传承科学研究的成果，勇于探索未知领域。与此同时，鼓励在应用中创新，努力实现“富于开拓性，具有创造能力，能开创新局面，能对社会发展做出创造性贡献；有很强的好奇心和求知欲望；有很强的自我学习与探索的能力；在某一领域或某一方面拥有广博而扎实的知识，有较高的专业水平；具有良好的道德修养，能够与他人合作或共处；有健康的体魄和良好的心理素质，能承担艰苦的工作”①。

① 奚洁人．科学发展观百科辞典［M］．上海：上海辞书出版社，2007：10.

为了培养应用型广告人才的创新精神，高校应该做到以下两方面。

（1）知识体系的创新。随着智媒时代的到来，广告媒介发展日新月异，相应的，广告从制作到投放的过程也发生了极大的变化。传统的广告学专业在培养人才的知识体系构建上，往往只重视广告学理论基础，除此之外，设置传播学、消费者行为学、市场营销学加以辅助。但是在新的时代背景下，仅仅掌握人文社科类相关知识是远远不够的，广告学专业人才还应具备一定的数据分析能力、广告效果测算能力、大数据处理能力、软件运算逻辑应用能力等。知识体系是高校人才培养的基础，是人才发展的根基，因此创新高校广告学人才培养就必须创新知识体系。

（2）思维方式的创新。当代高校在校生基本为“90 后”“00 后”，这一代年轻群体对新鲜事物有着很强的好奇心以及接受能力，其思维灵活、思想开放，但受到移动终端和碎片化生活方式的影响，这一代高校学生也存在着易于接受“短、平、快”的事物而缺乏钻研能力的特点。因此，新时代高校学生在为广告人才培养模式的改革提供了良好基础的同时也带来了极大的挑战。要培养创新型人才必须转变思维模式，高校教师要首先与时俱进，扬长避短，在积极顺应时代变化的同时守住广告学科的初心；与此同时，要有意识地培养学生的逻辑思维能力以及深入思考问题的能力，在时代的变化中追求思维方式的创新。

（二）应用中培养复合型专业能力

应用型广告专业人才不能仅仅具有单一的专业能力，而应该是“具有一定跨度且有机交叉渗透的专业知识、能将知识结构和能力结构达到优化组合、专业迁移能力较强、一专多能的人才。基础较宽、功底较厚、综合能力及适应性较强”①。

为了培养应用型广告人才的复合专业能力，要求高校做到以下三方面。

（1）专业知识复合化。随着智媒时代的到来，科学的发展已由分化走向高度综合化阶段。学科之间互相渗透、交叉、融合的趋势越来越明显，只有克服当前我国广告教育专业设置过细过窄的弊端，施行跨学科教育，加强人文学科教育和通识教育，培养大批基础扎实且宽厚、经过多学科专业训练的广告人才，才能适应未来社会的人才需求。

---

① 范志国，曹灿安. 复合型广告人才培养模式研究［J］. 中国广告，2009（1）：116-119.

(2) 专业知识与实践能力复合化。广告教育要从构建未来广告人才的知识与能力结构出发，科学地将设计广告学科与社会实践有机结合，注意培养学生专业知识的实践应用能力。

(3) 专用性与通用性的复合化。“企业不仅需要具有普遍适用性科学知识的广告人才，而且还需要专门适用于某一专业技术领域的广告人才。”① 因此，广告人才应当在具备通用性的基础之上具有自己的专业擅长领域，成为真正将专用与通用都进行应用的广告人才。

第三节 应用型广告专业人才培养模式变革要素

人才培养的核心是教育，我国广告学专业的设置时间虽然不算早，但发展趋势迅猛。自专业成立以来，关于广告学专业本科人才培养模式的讨论便不断浮现。一部分研究聚焦在人才培养模式的整体上，如傅琳雅在《高校广告教育的人才培养模式创新》中提出课程体系创新、教学方法创新、办学思路创新；在课程体系创新方面提出广告学课程设置也应该顺应形势而有所调整，在教学方法创新方面指出组建模拟广告公司、参加广告大赛、举办多种广告活动、参加广告公司和短期培训，在办学思路创新方面提出建立教学实践基地、走出去和引进来、多方合作交流②。刘星河在《全媒体时代广告教育新模式建构》中提出“根据广告学科新定位，建立跨学科整合的课程体系；建立以能力培养为核心、更富实效的广告实训体系；广告教学要加强新媒体研究，善用新媒体于教学之中”③。朱志勇在《新媒体视域下地方综合性高校广告学专业人才培养模式革新》中提出新媒体视域下高校广告学专业人才培养模式类型及现存问题，“新媒体视域下地方综合性高校广告学专业教育观需要转变，从人才培养目标、课程体系和实践教学三方面入手，进行高校广告学专业人才培养模式的革新”，在专业实践教学的革新中提出“举办广告创意文化节、参加竞赛和创建工作室”④。

---

① 范志国，曹灿安．复合型广告人才培养模式研究［J］．中国广告，2009（1）：116-119.

② 傅琳雅．高校广告教育的人才培养模式创新［J］．时代教育（教育教学），2010（3）：101.

③ 刘星河．全媒体时代广告教育新模式建构［J］．中国广告，2012（2）：138-142.

④ 朱志勇．新媒体视域下地方综合性高校广告学专业人才培养模式革新［J］．黑龙江高教研究，2015（5）：139-142.

另外一个研究角度就是聚焦在应用型、实践型广告人才培养模式研究，如刘建萍、张帆在《广告学专业人才培养模式初探》中提出课堂教学在传授理论知识的同时，“应注重实践性环节的教学，结合课程开展案例分析、模拟策划、问卷调查、模拟创意、策划案写作、新闻发布会等多种形式的实践活动；从大二开始应有计划、有步骤地安排学生到广告公司见习；组织学生参加各种广告大赛。广告专业人才的培养没有固定不变的模式，它应根据市场发展的需要来适时调整教学计划，精心安排实践环节，积极为学生提供展示能力的舞台”①。颜景毅在《广告学专业实践能力培养模式研究》中指出实行“多媒体教学、案例教学、模拟教学、创建案例库、实践性考试的课堂实践教学和事务参与、暑假实习、指导学生广告社团、举办广告实务报告会、最新广告现象讨论会、综合实习、导师培养负责制的课余实践活动”②。马志远在《构建以就业为导向的民办高校应用型广告学人才培养模式》中指出转变教学模式与教学体系，要“以应用意识和应用能力为核心，以行业需求为向导，以教育统一性为原则，构建开放式、一体化教学模式”③；改革课程教学设置与考核方式，在授课过程中穿插校企合作的企业真实广告策划案例，让学生以分组合作的形式完成策划，并以模拟实战、提案展示的形式完成课程考核；以就业为导向展开人才培养新模式，改革民办高校应用型人才培养的目标，探索应用型人才培养的新模式、新方法、新途径，以人为本，不断探索产教结合、产学结合、学践交替等人才培养模式。赵志明在《新媒体语境下广告学专业实践教学与创新人才培养模式建构》中指出新媒体对于实践教学与创新人才培养的影响，广告学实践教学培养模式及现状，通过建立适合新媒体时代发展的课程体系，充分利用各种资源，优化师资队伍，创建多元的实践教学平台，建立完善的奖励机制，加大经费投入，以社会需求和就业需要为实践教学的导向几方面探讨了新媒体语境下广告学实践教学的创新与建构④。李彬彬等在《创新型广告人才培养模式的实证研究》中提出“国内高校广告

① 刘建萍，张帆．广告学专业人才培养模式初探［J］．福建论坛（社科教育版），2007（S1）：66.

② 颜景毅．广告学专业实践能力培养模式研究［J］．广告大观（理论版），2008（5）：98-102.

③ 马志远．构建以就业为导向的民办高校应用型广告学人才培养模式［J］．教育与职业，2014（10）：115-116.

④ 赵志明．新媒体语境下广告学专业实践教学与创新人才培养模式建构［J］．新闻知识，2016（2）：63-65.

专业课程设置改革力度与市场需求不相符，迫切要求高校课程设置以市场为导向进行改革”①。

学者们对于广告学应用型培养模式的讨论虽然层出不穷，但大体上都从校内课程设置、实践活动安排、校外行业导向、产学研一体化等角度切入，这也契合广告学实践性强、时代性强的专业特点。

在新的时代背景下，应用型广告人才培养模式变革是一项复杂的工程，高校人才培养模式往往具有“牵一发而动全身”的特点，因此要想完善符合智媒时代广告人才需求的培养模式，需要有详细的计划和实施安排，要注意其系统性、立体性及前瞻性，并且该模式变革应当是全面的、立体化的，而非片面的、扁平的。

一、思政性

近年来，“课程思政建设”是高校课程改革的重要内容。“课程思政建设”通常以“课程”为起点，但不能仅仅停留在课堂授课或者课程建设的层次上，可以根据专业特点、行业背景，具体延展到“专业思政”“学科思政”“人才培养思政”等方面，融合开展，形成“大思政”理念，实现“三全育人”格局的多元化、分层化。“育人先育心”，人才培养过程中的实践活动真实生动，更能触发学生的思考及感悟，在活动中真正凝练品行、锻炼能力。因此，广告专业需要完善人才培养过程，将课程思政理念从“课程”延展到“人才培养”。

在人才培养的过程中，广告专业教育需要引导学生正确认知商业广告在国家经济结构中的重要作用，理解广告促进和引导合理消费对积极扩大内需战略的重要意义，理解客观、真实、合法、合规的商品与服务信息对满足人民生活品质提升和消费构筑的积极意义，理解广告在引导建立正确的价值观、消费观和审美观方面的积极影响。

总之，新时代应用型广告人才培养模式要具有鲜明的思政性，要坚守“为谁培养人”的原则，要“培养社会主义建设者和接班人”，让学生们深刻领悟并践行社会主义核心价值观，同时助力中国广告行业健康发展。在发挥

① 李彬彬，李琴，王丽文．创新型广告人才培养模式的实证研究［J］．江南大学学报（人文社会科学版），2006（3）：108-111.

市场配置的推动作用的同时，保证人才培养的政治方向性，这是广告专业高等教育中的重点内容。

二、系统性

应用型广告人才培养模式变革是一项系统性工程，从课程设置到学校硬件设施，从学生本身到社会需求，要面面俱到。因此，应用型广告人才培养模式转型应该充分考虑以下几个方面，如表 2-1 所示。

表 2-1　应用型广告人才培养模式转型要点

序号	范畴	主要内容
1	整体教育环境	（1）了解当前广告人才培养模式的整体现状； （2）了解其他高校广告人才培养模式； （3）了解选取有报考广告学志愿的学生及家长的专业需求
2	高校内部	（1）了解本校广告学专业发展历史、学科特色； （2）分析本校广告学专业当前课程设置情况； （3）掌握在校生对广告专业的评价和态度
3	广告行业	（1）对广告行业的发展现状进行分析把握，了解业界对广告专业的人才需求； （2）掌握毕业生就业从业情况（专业热爱度、技术应用情况等）

经过对上述三个方面情况的分析，明确高校广告学专业本科人才培养目标、教学基本框架、实践教学体系建设情况、学生实践平台、实践教学获奖成果以及近年来学生专业实践活动内容，我们可以初步搭建起智媒时代应用型广告人才的培养模式。

（1）本科人才培养目标。高校广告学的人才培养目标是培养通晓和掌握现代广告策划、创作、经营基本技能，具备创新能力和专精的业务技能，能胜任专业广告公司、新闻媒介、政府机构等企事业单位岗位，从事广告创作、策划运营的应用型、复合型的国际化高级专门人才。

（2）教学内容。在智媒时代的大背景下，广告学专业的课程设置随着社会经济发展不断作出相应的调整。近年来，高校纷纷增加了适应新媒体营销与技术相关的课程和项目实战课程，并提高了课程实验学时的课时量，以培养学生在广告创意策划、设计制作和数字营销管理方面的理论素质和实践能力。同时持续加强对广告理论的学习和思考，理解广告行业的站位、服务对象和对社会文化的贡献，并保持对新媒体技术的客观态度。

(3) 教学体系。传统教学计划中设置的课程是培养广告学专业学生综合能力的一个组成部分，每门课程的内容都具有相对的独立性，课程实践部分的内容是根据每门专业课程理论部分设置的，这虽然有利于锻炼学生某一方面的专业技能，但对于综合能力的提升还略显不足。从学生应该具备的综合实践技能来说，我们需要为学生提供综合性、实战型的实践平台，通过多途径将各个专业课理论知识和实践技能融会贯通，提高学生能够与社会需求对接的综合专业能力。

以“立德与技能相结合、教学与实验相结合、实践与创新素质相结合、创新素质培养与人才市场需求相结合”的“四结合”为基本教学理念，建立一套既相对独立又密切联系，能覆盖各门课程和知识领域的教学体系，建设基础技能、专业综合、创新能力的递进式实践教学体系和层次。与此同时，广告学专业中的实践教学也是围绕这一核心理念而展开的，注重实践技能培育与专业理论教学同步发展，实现专业实践能力与行业需求无缝对接，在创意环境中培育人才创新品质。

三、立体性

培养适应和引领现代产业发展的高素质应用型人才，是高等教育支撑经济高质量发展的必然要求，是推动高校分类发展、特色发展的重要举措。随着智媒时代的到来，广告行业从内容生产到投放媒介都发生了很大的变化，因此广告人才培养应该立足行业实际，力求多方面、立体化发展。作为一门学科，高校应用型广告学专业人才培养模式要做到在传承中变革，主要需要从教学内容、实践体系、师资队伍三方面进行改进。

(一) 教学内容建设

应用型广告人才培养的教学内容应该从两个方面进行建设：一方面保持一定的理论素养。应用型广告人才不是对广告理论学习的摒弃，而是把理论学习作为应用实践的基石。另一方面立足实践教学。通过教育教学实操和实践环节，锻炼学生的动手能力。通过丰富实践课的形式，将实战实训项目引入课堂，参加竞赛，组织校内策划活动，加强实验室、实践教学基地建设，支持大学生创新创业，提高广告学学生的专业综合实践能力。有些高校以广告学专业特有的交叉性、融合性为实践课程设置的基础，建立起了较为完善的课堂与课外相连接的实践教学体系。课堂采用案例分析与讨论、项目对比实践、应用网络技术和虚拟仿真技术等方式，实现课堂理论与实践、课堂项目实践与业界项目实践的统一；课程实践分组创建虚拟公司，通过项目招标、项目投标、项目策划、项目管理、项目执行、项目营销，让学生全程得到培养。

（二）实践体系建设

广告学人才培养模式需要切实可行的、具体的实践路径匹配人才培养目标。学校可以通过校内校外资源整合调整，力求实现专业输出与行业需求的无缝对接。教学实践主要包括实验室、工作室、校外实践基地的平台，通过竞赛、讲座、举办活动与展览、校外实习等形式，实现课上与课下、理论与实践、校内与校外、模拟与实战相结合的实践教学模式（如图 2-1 所示）。

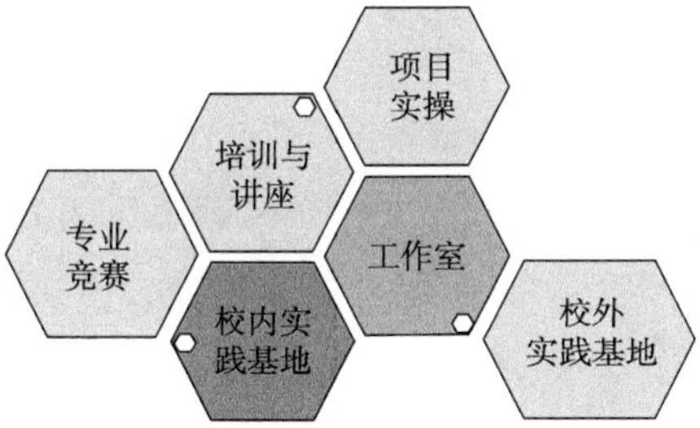

图 2-1　广告人才培养实践教学路径

1. 搭建校内实践基地

近年来，各高校纷纷设立传媒类实验室，为广告学专业学生搭建集专业学习、实训、实战于一体的实践教学辅助平台。其一，此平台各实验室、实验设备和实验教师团队对学生学习实践提供了强有力的支持；其二，广告学专业依托实验教学中心开展丰富多彩的实践活动，如举办公益广告大赛、展览、承接大学生广告大赛评奖活动、学院大学生专业实践成果展示活动等；其三，实验教学中心与业界搭建了实践基地，沟通学校与业界的联系，为学生参与业界实践活动提供途径。

2. 创建工作室

近年来，各高校纷纷创建广告学专业相关的工作室。如首都经济贸易大学先后开创了摄影、摄像、影视广告创作、平面设计、广告竞赛、广告营销等多个供学生实践的工作室平台。这些工作室的指导教师为广告学系、传播学系和传媒实验教学中心的教师。学生可以根据自己的兴趣爱好和专业特长自愿申请工作室参与学习实践。工作室会定期举办专业知识讲座、组织学生参加广告大赛和校内外的实际专业项目，将行业模式引入校内，实现学界和业界的真正接轨。

3. 举办培训与讲座

培训与讲座是课堂教学内容的延伸。针对广告学的课程设置和广告领域的应用技术，高校应该聘请国内知名广告人和校内外优秀教师，一是为学生开展专业技能培训，完善和扩展课程设置，如《版式艺术设计》《优秀广告大赛作品赏析》《录音技术》等培训课程；二是为学生讲解业界优秀案例，拓展学生眼界，提高创意能力。

4. 组织学生参加专业赛事

参加广告大赛是目前考核学生专业学习效果的一种形式，越来越受到高校的重视。通过参加广告大赛，能够检验和提高学生知识与技能的综合运用能力。教师会以赛前培训、赛中辅导、赛后分析的形式，提高学生专业综合实践能力。竞赛不仅是学生积累经验、提高技能的方法，更在参赛的过程中锻炼了思考能力、创意能力、制作能力和执行能力等。

5. 开展实操项目

项目实操是为具备了一定专业综合能力的学生设置的实践能力培养模式。学生可以在校园参与实际项目的运作。项目一般从合作单位或市场获得。拿到项目后，学生代表与商家进行沟通，将所获信息反馈给工作室成员，然后以项目组的形式在教师的指导下完成。分组形式的真实项目制作，可以实现项目的多样化呈现，商家不仅可以获得多套方案设计，小组之间也可以取长补短，互相借鉴学习。由于是真实的方案设计，因此商家有可能会提出修改意见，甚至推翻所有方案，这就要求学生在实践中端正心态、磨炼意志，以提早适应工作的需要。项目实操完全与市场接轨，是高校实践教学活动和社会实践活动的双向互动。

6. 搭建校外实践基地

近年来，各高校广告学专业均对搭建校外实践基地给予了极大的重视。校外实践基地是培养学生的优秀平台，其作用有三：其一，学生可以在高校期间熟悉未来的就业环境；其二，与高校相比，公司拥有更为前沿的广告技术，如新媒体营销模式与技术、大数据的精准投放技术等，这些广告技术可以补充课堂教学体系中目前没有涉及的内容；其三，业界单位可以为学生提供参与实际项目的机会，并且有经验丰富的资深广告人作为指导，使学生在参与项目的过程中，增长技能、积累经验、得到最深刻的实践体会。

（三）师资队伍建设

各高校广告学专业师资团队一般由专职教师、实验教师及外聘教师三部分组成，其中外聘教师是行业内的资深专家。近年来随着人才市场的需要，学校支持教师深造，鼓励教师深入业界学习，从事专业实践工作，提高教师的实践能力，并将所学带入课堂，引导学生在全真实践环境下提高专业水平。

因此，高校既要采取以课堂学习为主，以课外培训、讲座为辅助和补充，增加广告学相关专业内容培训的横向发展培养模式；也要采取以专业基础实践、专业提高技能和综合素质与创新能力培养为层次进行由浅入深、由基础到综合的递进式纵向发展的培养模式；同时，教学内容、课外实践、师资力量联动调整，才能使广告人才培养模式得到立体化的重构，从而有利于应用型广告人才的培养。

四、前瞻性

随着获取知识渠道的多样化，传统课堂教学以教师教为主的教育模式已无法满足大学生的需求，尤其对广告学专业而言更是如此。广告学的课堂理论教学应融入实践教学内容，在完成理论教学任务的情况下，翻转课堂，使学生成为课堂实践的主导者。如此，教师不仅是知识的传递者，而且肩负起导师的职责。另外，将新媒体、新技术引入课堂，可以在提高学生参与度的同时，在真实案例和仿真场景中积累经验、提高能力。具有前瞻性的培养方案有助于在整体上引领学生的前进方向，使得专业发展跟上时代进步的步伐。

（一）项目对比实践

项目对比实践是教师根据课程教学目标，选用业界某一成功案例为学生命题，学生通过小组分工、团队合作、完成项目、汇报演示、网络互动、项目对比、分析总结等各个环节，完成命题的实践。如选用推广成功的某品牌商品，为其做品牌推广策划。课堂上可以将班级分成若干个小组，每个小组组内分工、团队协作，在规定的时间内完成策划案后进行汇报展示，并将案例上传至网络，参与互动。最后，教师提供此品牌的营销案例，与各小组的方案进行比较分析。这种教学方式，使广告学教学不局限于理论层面的讲解，为学生提供了自主思考、锻炼的平台，不仅将理论知识融会贯通，而且在实践中锻炼了思维能力、创意能力、协作能力、组织能力、沟通能力、表达能力和项目运作能力。

（二）网络技术应用

随着高校基础设施建设的完善和智能终端的普及，教师可以通过互联网丰富教学内容。网络广告资源非常丰富，无论是各种优秀的广告资源，还是打开手机 App 弹出的各种开屏广告、插屏广告和推送广告等，都能够为理论学习提供现实帮助。课上，教师可以在完成理论教学内容之后，鼓励学生利用计算机网络或手机 App，随机分享、讨论网络平台上跟课程内容相关的优秀广告，将理论教学内容以现实广告的形式呈现给学生。除此之外，可以创建微博、微信或 App 平台，将各种形式的作业内容上传至网络。一是可以实现课程教学效果的长期积累；二是学生可以通过分享、借鉴这些资源，更高效地理解或完成教学内容或课程任务；三是可以将教学效果展现到更广阔的空间，能够在网络平台上与专业爱好者实现互动，获得更多宝贵的意见；四是可以培养学生新媒体的运营、设计和管理能力。

（三）虚拟仿真技术的应用

虚拟现实（Virtual Reality，VR）技术是由计算机硬件、软件以及各种传感器构成的三维信息的人工环境——虚拟环境，它可以逼真地模拟现实世界甚至是不存在的事物和环境，并可人为操作，与虚拟环境进行交互。近年来，有不少高校广告专业将此技术融入课堂教学，应用 VR 技术，为学生创造出一个虚拟的“真实”学习环境，进行实践内容的操作和实践项目的展示。例如《电脑图文设计》课，利用 VR 技术模拟了商场环境，设置一系列的广告或商品促销展位。学生根据教师指定的命题进行创意设计，并将作品“真实”地呈现在虚拟环境中。VR 技术在教学中的最大优势是能够在实验设备匮乏的情况下实现有效的学习目标。比如《摄影基础》课程，应用 VR 技术可以创建各种实验设备，学生可以在虚拟的环境中，进行摄影器材的选择、灯光的布置、拍摄角度和景别的控制，以及相机数据的调节；而且此技术支持学生实践效果的评价测定。另外，虚拟仿真技术在广告营销方面也给消费者带来了全新的感官体验，随着此技术在教学方面的进一步完善，它在实践教学方面会带来新的尝试。

通过梳理，我们对智媒时代有了进一步的认识，同时也对智媒时代背景下广告人才培养模式的发展走向有了进一步的思考。面临智媒时代，科技和新的营销技术发展迅速，我国广告教育需要转变观念，吸收业界先进的传播模式和观念，更新、丰富专业知识内容，及时追踪行业发展趋势，以提高学生专业技能。

从 1979 年初至今，我国广告业历经 40 多年的发展，在各方面都取得了相当大的进步，广告媒介的发展也极为迅速，时代呼唤高质量的广告和高质量的广告人才。中国的广告需要在世界舞台展示自己，也必须从根本上提高广告队伍人员素质，而提高广告队伍人员素质最根本的一条途径就是从高等教育的专业毕业生中选拔优秀人才。因此，高校教育肩负着培养优秀广告人才的历史使命。高校要随着时代的发展进行教学体制改革，改变教学思路和教学方法，努力探索培养符合社会需要的应用型广告人才的路径。

第三章 从课内到课外：多元化实践教学路径的建构

《中国教育现代化 2035》指出，要提升一流人才培养与创新能力。加强创新人才特别是拔尖创新人才的培养，加大应用型、复合型、技术技能型人才培养比重。加强高等学校创新体系建设，建设一批国际一流的国家科技创新基地，加强应用基础研究，全面提升高等学校原始创新能力。探索构建产学研用深度融合的全链条、网络化、开放式协同创新联盟。提高高等学校哲学社会科学研究水平，加强中国特色新型智库建设。健全有利于激发创新活力和促进科技成果转化的科研体制。加快信息化时代教育变革。建设智能化校园，统筹建设一体化智能化教学、管理与服务平台。利用现代技术加快推动人才培养模式改革，实现规模化教育与个性化培养的有机结合。

在市场经济不断繁荣、数字经济发展提上日程的背景下，广告行业的变化也日新月异，社会对于应用型广告人才的需求越发迫切。这对高校广告学专业来说既是机遇也是挑战。高校应该抓住时代赋予的特殊机遇，积极探索智媒时代广告人才培养模式，在有选择性地继承传统的基础上积极寻求变革。探索从课内到课外的多元化实践教学路径，为新时代广告产业发展储备人才。

我们通过在校生代表、用人单位的访谈和座谈以及近年来高校广告学专业课外实践教学的经验总结，寻求构建课外实践教学体系的途径。初步探索出以实验室的设备和技术为支持，以工作室、校外实践基地建设为平台，以培训、讲座、竞赛、拟真、实操项目等多项实践为形式的一体化课外实践教学模式，力求形成递进式、多层次、立体化的课外实践教学体系，促进学生专业综合实践能力的全面提升，以满足社会对广告学人才创新型、复合型、应用型的需求。

第一节　高校实践教学的内涵

一、实践教学的基本内涵

“实践教学是贯彻落实党和国家教育方针，深入实施素质教育，大力提高高等教育质量的必然要求，是实现高等教育人才培养目标的重要途径，是培养学生实践能力、创新意识的重要手段，是高等教育教学体系的重要组成部分，是提高人才培养水平的切入点和突破口。”① 近年来，“随着高等教育体制改革不断深入，实践育人观念不断增强，从中央到各级高等教育单位，都把对大学生实践教学教育工作的重视程度提高到一个新的层次”②。为全面落实《国家中长期教育改革和发展规划纲要（2010—2020年）》，教育部、中宣部、财政部、文化部、总参谋部、总政治部和共青团中央联合印发《关于进一步加强高校实践育人工作的若干意见》，就进一步加强新形势下高校实践育人工作，全面贯彻落实党的教育方针，创新人才培养模式进行了全面系统的部署。该意见明确了实践教学的重要性，指出实践教学应结合专业特点和人才培养要求分类进行，并就实践教学比重依据学科进行详细规定。但截至目前，相关文件对实践教学内涵及外延等概念没有具体涉及。因此，各高校对实践教学的理解也是千差万别，但主要形成了以下几种观点：“①认为实践教学是向学生传授与实践相关的技能和知识，内容有别于理论教学；②把实践教学理解为实验教学，强调学生通过实验教学来验证理论；③锻炼学生专业各方面的实践能力，提高专业综合能力。”③

二、广告学专业实践教学体系界定及构成要素

（一）广告学专业实践教学体系界定

“广告学实践教学体系就是根据广告人才培养的规格和要求，围绕专业，

---

① 龙真，郭磊，刁宇虹．广告学专业实践教学体系建设研究［J］．价值工程，2013，32（5）：279-283.

② 王锡瑞，岑松，曹炳阳，等．对新形势下大学生实践教育体系建构的探索［J］．清华大学教育研究，2006（S1）：72-76.

③ 龙真，郭磊，刁宇虹．广告学专业实践教学体系建设研究［J］．价值工程，2013，32（5）：279-283.

结合理论教学，充分利用教学资源，加强实践过程，整合实践教学环节，优化教学手段，强化实践教学，量化实践结果，进行综合应用。要求在广告专业整体规划的基础上制定实践教学大纲与计划，把实践教学贯穿于整个教育教学之中，以培养学生综合实践能力和提高素养为目的来构建综合实践教学体系。在实践教学过程中，理论联系实际，提高创造能力，实现培养目标。”①在智媒时代的大背景下，实践教学的内涵基本不变，但形式更加多样，要求也更加丰富。

需要注意的是，在“技术为王”的时代，实践教学并不意味着可以忽视理论学习。面对不断迭代的媒体，只有把握其内在技术逻辑，才能掌握创意的“密码”。日益丰富的广告形式背后实际上是传统理论的不断发掘和创新，因此，无论在任何时候，理论学习都不能被忽视。智媒时代需要的是理论与实践并重的广告人才，因此，搭建实践教学体系的同时也不能忽视了理论根基，只有二者并重、寻求平衡，才能真正推动广告人才培养模式向更适合社会发展需求的方向变革。

（二）广告学专业实践教学体系的构成要素

“实践教学体系是高校教学体系的重要组成部分，包含目标体系、内容体系、管理体系和保障体系。目标体系以就业能力结构为支撑，是实践教学的核心环节；内容体系是实践教学目标体系的具体体现，合理配置以基础实践、专业实践和综合实践为模块的、循序渐进的实践教学内容；规范化的管理体系是实践教学质量的基本保证，能确保实践教学各项措施落实和运行，主要包括实践教学的组织管理、运行管理和质量管理三个方面；实践教学保障体系由师资队伍、教学环境和设备设施等组成，加强师资队伍和实习基地建设，营造广告人才就业实践环境。”② 广告学实践教学体系的各个部分互相联系、互相作用，每一个环节都是建构新型广告人才培养模式不容忽视的部分。

---

① 刘桃良．地方高校广告学专业实践教学体系构建：以云南曲靖师院为例［J］．广告大观（理论版），2009（6）：97-102.

② 龙真，郭磊，刁宇虹．广告学专业实践教学体系建设研究［J］．价值工程，2013，32（5）：279-283.

第二节　广告学专业实践教学体系

一、多元化实践教学理论探索

目前，国内研究高校实践教学体系建设方面的研究成果相对丰富，但针对高校广告学专业课程体系中的实践教学体系建设，尤其是课外实践教学体系的建设还需要进一步的探索。

第一，有些专家和学者以高校实践教学的整体发展为研究对象，这方面的研究成果可归纳概括为两个维度。

一方面是以理论分析为主，从宏观上探讨实践教学体系的构建并提出指导性的建议。它是框架型、规范化的学理性层次上的研究。如许玉生在《高校实践教学体系的研究与实践》中阐述了构建高效实践教学体系的原则以及高校实践教学体系的要素构成，从实践教学目标体系、实践教学运作体系、实践教学评价体系和实践教学保障体系四个方面加以论述。其中，在实践教学运作体系中指出要落实生涯教育、改革课堂教学、搞活课外活动、加强实习实训、狠抓科研训练等思路；在实践教学保障体系中，从组织保障、师资队伍保障、实践基地保障、构建现代化实践教学网络管理平台方面进行了论述①。郑春龙、邵红艳在《以创新实践能力培养为目标的高校实践教学体系的构建与实施》中诠释了大学生创新实践能力的内涵，从实践教学体系的构建原则、一体化实践教学体系的基本架构两方面探讨了“高校一体化实践教学体系的构建”。其中，在一体化实践教学体系的基本架构中提出了 5 个子系统：实验实训、实习、综合设计、社会实践、创新创业。另外还从改革教学管理、加强实践教学基地建设、加大实验室、创新实践基地的开放、加强队伍建设、加强学习指导等方面阐述了创新实践教学的保障措施②。

另一方面是从实践教学活动的具体方法入手，提出实践教学的经验与设想，如杨同庆、王端在《传媒专业辅助教学实践体系建设——以首都经济贸易大学传媒实验教学中心为例》中提出了三个一体化即教学与培训一体化、

---

① 许玉生．高校实践教学体系的研究与实践［J］．林区教学，2009（10）：5-7.

② 郑春龙，邵红艳．以创新实践能力培养为目标的高校实践教学体系的构建与实施［J］．中国高教研究，2007（4）：85-86.

教学与创新一体化、教学与竞赛一体化的创新实践模式，以及专业基础技能熟练、专业综合能力提高、创新能力培养的三个递进实践教学模式①。张红星等在《地方高校应用型人才培养实践教学体系的构建研究》中提出以基础实验模块、专业技能训练模块、特色实践教学活动模块来构建分层递进模块式实践教学体系；以建设市级实验教学示范中心、举办文化节、建立市级校外实践教学基地来搭建实践教学平台，培养学生综合实践能力；通过“大学生科研计划”项目、科研训练、毕业论文、参与教师课题等实践环节，培养学生的科研能力和创新能力②。

第二，有些学者聚焦广告学专业实践教学方面的研究，多从理论性、指导性的层面进行论述，但阐述实际具体运作等实践教学方面的文献并不是很多，且大多数文章在实践教学体系建设方面的研究内容大多以课堂为主体。

龙真、郭磊、刁宇虹在《广告学专业实践教学体系建设研究》中提出“通过对课内理论知识的实操性训练，实现以学生自我实践为主的形式，着力强调课内训练，夯实学生学科基础知识和技能；通过开展竞赛教学、模拟项目教学展开专业实践教学培养学生的专业技能；通过专业实习、毕业设计进行综合实践教学。”③ 刘桃良在《地方高校广告学专业实践教学体系构建》中通过具体案例，提出“广告学实践教学可以通过案例分析、模拟表演形式的课堂实训，创立广告报刊、广告杂志、策划活动、举办广告节等校内实训，社会见习、毕业实习等校外实训，理论教学与实践教学结合的课程实践和社会合作等社会实践内容提高学生的实践能力”④。周华清、张艳萍、黄恩武在《应用型广告学专业实践教学体系建构策略》中提出“在教学过程中合理分配理论与实践教学的比例，采取项目模拟、案例教学、对外合作的方式进行校内实践教学；参加学科竞赛；利用暑期进行专业实习；校企合作，将实战案

---

① 杨同庆，王端．传媒专业辅助教学实践体系建设：以首都经济贸易大学传媒实验教学中心为例［J］．广告人，2011（9）：112-114.

② 张红星，谢远红，刘慧，等．地方高校应用型人才培养实践教学体系的构建研究：以北京农学院为例［J］．教育教学论坛，2014（44）：92-95.

③ 龙真，郭磊，刁宇虹．广告学专业实践教学体系建设研究［J］．价值工程，2013，32（5）：279-283.

④ 刘桃良．地方高校广告学专业实践教学体系构建：以云南曲靖师院为例［J］．广告大观（理论版），2009（6）：97-102.

例带入课堂，教师参与项目运作；外出考察等完成实践教学模式的构建”①。何静在《地方本科高校广告学专业实践教学模块研究》中提出“实践教学环节存在的问题：大多数地方本科高校广告学专业的实践课程占比不超过30%、实验室设备严重匮乏、设备老套、实验室开课率低、实验师资匮乏等。借鉴德国应用型大学的实践教学特色，结合我国高校实际，进而提出实践教学模块的构建要体现职业化和技能化的特点，体现在基础实践、专业实践和综合实践三大部分”②。孙小兵在《广告学专业实践教学体系的构建》中提出“以课程实验、课程实习的方式培养学生的动手能力；以实训课程、实习课程的设置培养学生的专业技能；以开放实验室项目、参加比赛培养学生的创新能力；以毕业实习、毕业论文来培养学生的综合能力和专业素质”③。

二、多元化实践教学体系建设

多元化实践教学在课程体系上要求在“教学与实验相结合、实践与创新素质培养相结合、创新素质培养与人才市场需求相结合”实践教学理念的指导下，以“锁定目标、培养能力、统筹规划、分层教学”为原则，以学生为本，融知识传授、能力培养、素质提高、协调发展于一体，以创新能力培养为核心，突出整体性、模块化、开放式的特点，建立一套既相对独立又密切联系，能覆盖各门课程和知识领域的实验教学体系，建设基础技能、专业综合、创新能力的三级实验教学层次（见图3-1）。

图3-1　三级实验教学层次

第一，开展丰富的教学内容建设。

以课堂内实践、课堂外培训的相互配合方式，丰富和延展实践教学内容，及时更新和培育学生的专业实践知识和能力；课程安排根据基础技能、小组

① 周华清，张艳萍，黄恩武．应用型广告学专业实践教学体系建构策略［J］．高等函授学报（哲学社会科学版），2012，25（7）：63-66.

② 何静．地方本科高校广告学专业实践教学模块研究［J］．新闻研究导刊，2014，5（5）：20-21.

③ 孙小兵．广告学专业实践教学体系的构建［J］．中国广告，2012（1）：121-123.

技能综合实践、虚拟媒体公司创新实践的标准进阶，项目中标的学生可获得实验室技术支持和资金支持；将每个班级设置为一个虚拟公司的组成结构，在夯实学生相关技能的基础上，通过项目招标、项目投标、项目策划、项目管理、项目执行、项目营销，让学生得到全程的培养，亦可在其中找到自己更喜欢和更适应的人才定位（见图 3-2）。

图 3-2　课程安排进阶

第二，具有良好教学效果的教学方法。

积极开展“场景设置”教学法、“项目带动”教学法、“虚拟公司”教学法、“引入比赛”教学法等多种教学方法，在遵循实验教学规律，建设好专业基础技能、综合素质和创新能力培养三个层次的实验教学体系的基础上，实施“教学与实验一体化”模式、“教学与培训一体化”模式、“教学与创新一体化”模式，并通过传媒技能实验、数字影视实验、创意设计实验和策划经营实验四大模块的特色实践教学体系设计，实现专业精神、专业知识、专业技能与专业创新创业能力的同步提升。

第三，多元化实践教学设备及环境建设。

在建立具有现代教育理念的实验教学队伍的同时，积极构建配备具有现代化器材、设备的实验室，以互动、拟真方式完善教学过程，培养学生的现代广告信息传播理念和现代视觉传达理念，培养具有现代视野的创新型人才。

以首都经济贸易大学为例，其广告传媒实验中心作为学校的六大实验教学中心之一，在北京市教委和学校的大力支持下，2005 年至今规模不断扩大，从早年单一的专业实验室发展到今天占地规模 2100 平方米、覆盖几乎所有传播工具实践的电视演播室、录音棚、非线编辑等十大实验室齐全的新格局，为培养具有创新能力的应用型传播人才创造了良好的实验教学环境，大大满足了多元化实践教学的场景需要。

第四，实验教学队伍建设。

要实现课内课外的链接，师资队伍建设不可或缺。想要实现智媒时代课内课外多元化教学路径的转变，应该具备一支满足以下条件的师资团队：首先是技术过硬的专业学科教师，要培养应用型广告人才，就必须拥有与时俱进的教师来领路；其次要有实验室专职教师，负责相关实验设备（如虚拟仿真设备）的日常维护及教学；最后要聘请校外业界专家，将行业发展的最新前沿动态带到学校，真正实现校内校外联动、课内课外兼顾。

三、多元化实践教学平台建设

近年来，广告学专业的专业综合实践能力培养受到高校的重视，但由于教学体系设置以及实验室规模的限制，实践教学体系建设方面大多还是以课堂实践教学为主体，将实践项目引入课堂，除了毕业实习以外，实践环节基本以课堂教学为主，缺乏配套、系统的课外实践教学体系，实验室建设不够完善，缺乏实验教师团队建设，实验设备匮乏、老化，有时不能满足学生实践的需要。

为了解决上述问题，高校可从院系、校内、校外三个层次入手，寻求有力资源，逐步搭建广告学多元化实践教学平台。以首都经济贸易大学为例，先后建设了从课内到课外的多元化实践教学平台：在学院内，建设工作室、训练营、工作坊，分别针对不同类型的广告形式进行课下实践训练；在学校内，与宣传部新闻中心、学通社建立实践合作；在校外，与经济日报社、宣亚国际传播集团、星美传媒集团有限公司、北京广告协会建立校外实习基地，利用多种渠道搭建实践平台。在这些实践平台上，可以联合开展实践项目：第一，注重课堂实训，通过案例实训、项目模拟教学、竞赛教学的形式提高学生的专业实践能力；第二，通过创办报刊、广告杂志、策划广告节、校内实践项目等进行校内实训；第三，通过社会见习、毕业实习、对外合作的方式进行校外实训。

综上所述，我们可以分步骤、分阶段持续完善实践教学体系建设，一方面与平台合作加大实践教学的力度，组织学生参加校内、校外的实践活动，另一方面积极搭建多元实践教学体系，逐渐形成配套化、规模化、系统化的课外实践系统，切实探索应用型广告人才培养路径。

第三节　课外实践教学建设多维度考量

培养学生的实践能力，就要为学生创造开放式的教学环境，使实践教学不再局限于课堂，以多样化的形式、通过多条路径提高学生的专业能力，为就业积累经验。广告学课外实践教学平台是一个层级分明、立体化的平台，任何一种模式的革新都要接受多维度的考量和实践的检验，通过不断检视才能发现其中可借鉴之处以及需要进一步改进的地方，从而推进智媒时代广告人才培养模式变革。广告学专业课外实践教学平台应该具有结构化、层级化、具体化三个维度。

一、结构化

（一）以实验室为基础搭建校内实践基地

实验室是科学的摇篮，是科研基地。广告学专业在传统意义及大众认知上长期被认为是文科专业，提起传媒实验室，很多人会感到不解。但是在科技不断发展的今天，广告学专业不再是局限于设计、绘图、文案创作，而是加入了更多的数字技术，因此，广告学专业高校设置传媒实验室是十分有必要的。实验室的设备、师资力量对学生的专业实践起着至关重要的作用，为学生实践活动提供支持。

以首都经济贸易大学广告学专业为例，其实验室（传媒实验教学中心）根据学校培养具有国际视野的应用型、复合型人才的定位要求，以及广告学专业人才培养规律和社会需求，以“求真求实”为基本实验教学理念，重视大学生基本技能的培训、综合素质的提高以及创新能力的实现，构建了结合课内与课外、教学与教辅、校内与校外，集专业实训、实战于一体的教学实践平台。通过综合性实验教学平台建设，开展丰富多彩的实践活动，如举办展览、鼓励并指导学生拍摄公益广告、承接大学生广告大赛评奖活动、举办学院专业学术活动、进行学院大学生专业实践展示活动等，这些实践活动的举办积累了学生的实践经验，锻炼了学生的专业实践能力。另外，中心为学院开办的各工作室提供先进的设备资源和教学空间，为学生的专业技术训练、项目实践提供了有力保障。除此之外，中心与业界长期合作，获得较高知名度，在中心搭建了实践基地，这也有利于广告人才实践教学由学校拓展到企业、市场。

（二）以工作室建设拓展专业实践环节

工作室可以作为课堂专业实践教学的辅助系统。它不仅是课堂实践教学的补充，更是将理论知识运用于实践、熟练专业基础技能、扩充专业知识、提高专业综合实践技能、发挥创新能力、积累经验的平台。工作室没有课时和学期的限制，时间上更加灵活。工作室的专业类别可以根据各高校广告学专业的培养目标和课程体系进行设置，通过培训、讲座、竞赛、拟真、实操等途径发挥工作室的课外实践教学职能。

培训与讲座的开展可以拓展学生眼界，让学生及时了解行业动态以及掌握学科内出现的新思想、新技术，学习到前沿的专业技能和知识。工作室一方面可以聘请校内外优秀教师或国内资深广告人定期开设实践类的专题讲座，如讲解优秀广告营销、策划、创意的成功案例、广告制作技术等方面的内容；另一方面可以针对广告学专业的课程设置，由工作室的教师或领域内的专家长期为学生进行专业技能培训，完善和补充学生应用于实践的专业技能。工作室的培训与讲座以学生自愿参与为基础，以讲授、案例分析、实例演示、学生操作、教师指导、结课考核等内容形式，促进学生专业知识的扩展和专业技能的提高。

（三）以竞赛检验教学成果、激发学生潜力

参加竞赛促进大学生实践能力的提高，成为高校培养广告专业人才的一种教育、培养方式，越来越受到高校的重视。竞赛是学生在同一时间内与多家企业共同接触的大好机会，是广告创意与制作的一次实战演练，是大学生将所学技能综合展示的一次尝试。目前在国内外比较有品牌影响力且适合学生参加的广告大赛有金犊奖、金铅笔奖（one show）、中国大学生广告大赛、中国大学生广告艺术节学院奖等。高校可以把参加广告赛事作为一项非常重要的课外实践活动，教师应以赛前培训、赛中辅导、赛后分析的形式提高学生的实践能力。竞赛不仅是学生积累经验、提高技能的方法，更是接触企业、了解企业的理想途径之一。

（四）以项目实训拓展学生能力边界

项目实训是更深度的实践能力培养方式，为学生创造了一个真实的实践空间，完全与业界接轨，使学生在校园学习期间就能够接触到真正的项目，为学生走向社会、进入行业起到很好的导向作用。项目可以从合作单位获得或由工作室的教师与学生联系广告主获得。接到项目后，仍然以项目组的形式开展工作，组内学生分工合作，在教师的指导下，进行与客户沟通、市场调研、策划、创意、设计、制作、汇报、修改、定稿、提交等一系列环节。在方案反复修改的过程中，广告主提出意见、学生修改方案的环节也是学生学习的过程。拟真化项目实训的模式不仅使学生在项目运作的各个环节都得到充分锻炼和提高，调动了学生项目实践的积极性和主动性，而且磨炼了意志，在工作压力下增强面对社会的勇气和胆略。

二、层级化

任何专业人才素质的培养都不是一蹴而就的，也不能拔苗助长，没有扎实的理论基础和各专业课程的学习积累，所谓的工作能力也只不过是镜花水月，经不起实践的考验。课外实践教学并不能脱离人才培养方案孤立存在，它是课堂教学的延伸和补充。实践课程体系要针对人才培养方案的各个培养阶段进行设置。因此，课外实践教学体系建设要形成以专业基础实践、专业提高实践、综合素质与创新能力培养为层次的递进式、多样化的层级体系。

（一）专业基础实践

专业基础实践是最基础的课外实践教学环节，旨在构建学生的基本专业知识体系和基本的实践能力。其内容主要是根据课堂专业基础实践课程设置内容，以培训、讲座的方式，一方面辅助学生进行基础的技能训练，另一方面拓展基础知识储备和相关的技能，促使学生尽快掌握广告人才需要具备的基础技能。如课堂教学上设置有 Photoshop 课程，学习目标是熟练掌握此软件的各种应用命令，并能够应用于实践创作。但此软件的功能十分强大，应用程序也比较复杂，因此要在有限的课堂学时中熟练掌握是有一定难度的，这就需要课外实践环节作为延展来补充课上理论学习不尽完备的方面。通过课外培训，对学生进行辅导，教师可结合实操项目进行讲解，让学生实现在学中做、在做中学。

（二）专业提高实践

专业提高实践是在学生掌握了基础理论知识和基本实践技能的基础上开展的更具深度的课外实践教学活动，旨在提高学生的专业实践能力。仍然以 Photoshop 为例，其软件命令的操作属于专业基础实践，而结合平面广告创意课程的课外实践教学培训会运用此软件为学生传授平面广告制作方面的技术，这是更高一个层级的专业实践。另外，教师可针对课堂设置的课程，延伸课堂实践环节，为学生设置多个与课程相关的实践主题，如文创产品设计、广告大赛设计相关主题的参与等。学生在教师的指导下完成主题项目，在不断实践中提高专业能力。

（三）综合素质与创新能力培养

综合素质与创新能力培养通过项目拟真、项目实操、业界实践等方式进行。这些真正与广告业界相联系的实训项目可以进一步培养学生的专业综合实践能力，从而构建基本的职业素养。项目拟真旨在为学生营造一个真实的项目环境，使学生在项目实践与对比过程中锻炼和提高综合实践能力。项目实操则是组织学生切实参与到校内外各项实践活动当中，锻炼学生在创意、策划、运作、设计、制作方面的综合实践能力。学生去业界实践是提高专业水平、积累工作经验的最好方式，不仅可以对行业有一个较为清晰的认识，还可以在参与实际项目中了解整个项目的运作流程，在创意和策划中积累宝贵经验，提高自己的综合实践能力。这一层级的实践教学环节，以提高学生的综合实践能力和激发学生的创新潜力为追求，旨在培养出当下社会最需要的创新型、复合型、实践型广告人才。

三、具体化

具体化是考量教学实践模式的重要标准，只有切实可行，具有针对性、具体化的框架模式才是真正好的模式。具体化的考量主要体现在以下几个方面：该模式是否帮助学生提高了专业理论与实践结合的能力；是否锻炼了学生策划、管理、营销、设计、制作、宣传等专业实践能力；是否在实践过程中使学生拿到了实际的成果（如参赛作品取得相关成绩、文创作品获得一定销量等）；是否使学生在学校就真正了解到了业界的工作及运营模式、对行业的发展有整体的把握；是否从宏观上切实培养了学生的创新能力、整合能力和实践能力。

（一）基础专业技能成熟

除了课堂上专业技能的学习，通过一系列多层次、多角度课外实践环节的设置，在基础性、提高性和综合素质与创新能力培养的递进性课外实践教学中，学生能够全面掌握摄影、摄像、后期剪辑、Photoshop 技术及脚本设计、创意、策划等方面的技能。专业技能日趋成熟，在专业创作、项目运作中，达到了市场对广告学人才专业技能的标准及要求。

（二）专业综合素质提升

学生参与校内外实践项目的运作及生产的过程，无疑是不断积累经验的过程。通过教学、实训、实操等一系列层级化模式，不仅能够充分锻炼学生的营销能力、创意能力、协作能力、管理能力、公关能力、设计能力、制作能力等，而且能将学生真正引入行业，使学生逐渐具备作为广告专业人才的心理素质、团队合作与沟通表达等能力，提升学生就业或升学的竞争力。

（三）应用创新能力养成

通过参加各种课外专业讲座和技能培训、参加大学生广告大赛、参与校内外的各种实践活动和校外实践，可以增强学生的毅力、信心和社会责任感，培养其勇于探索的精神和解决问题的能力，从而将学生打造成具有独立创新能力和百折不挠意志的适应社会需求的高素质、创新型、复合型、应用型人才。

高校不仅要培育理论扎实的专业人才，更要注重学以致用，培养学生的实践能力和创新意识，实现真正意义上的高校对社会的人才输送，满足社会对人才的需求。通过实验室、工作室、校外实践基地的建设构建课外实践教学体系，以递进式、多样化的层级体系为学生搭建课外实践教学平台，实现教学与实践相结合、实践与人才素质培养相结合、人才素质培养与市场需求相结合的人才培养机制，为广告学人才培养方式探索一条新的途径。

综上所述，多元化实践教学体系以课堂为基础，课堂、工作室、实验室、合作企业共同搭建起系统性、组织性、层次性优势明显的实践教学体系；立体化的课外实践教学内容的设定，以专业基础实践、专业提高技能和综合素质与创新能力培养为层次进行由浅入深、由基础到综合的递进式实践教学，体现为纵向发展的特点；另外，作为课堂实践教学的辅助和补充，增加相关内容的培训，体现出横向发展的特点；丰富教师团队建设，打造一支专业素质强、眼光站位高、紧跟时事动态的高水平校内外教师团队，发挥最大优势，为广告人才培养切实提供专业和技术支持。课外实践教学体系建设方案提出了课堂以外的人才实践能力培养的途径和具体方法，为高校新型广告人才的培养提供了新的思路。

广告产业的不断兴盛、广告专业的逐年发展使得更多人投身广告行业。但随着科技的发展，广告媒介形式不断发生变化，数字媒体逐渐渗透到广告的设计生产、投放、效果测评等环节，这使得广告行业出现了虽然行业在飞速发展，但对一般广告人才的需求并没有随之迅猛增多的不对等情况。因此，广告专业人才的就业竞争更加激烈。时代呼吁高校进行教学体制改革，培养符合社会需要的创新型、复合型、应用型人才，高校要肩负起向社会输送合格人才的艰巨使命。从课内到课外的多元化实践教学路径探索对未来广告人才培养方向具有重要的借鉴意义。

第四章　从学习到竞赛：项目驱动法在实训框架中的应用与效果

媒介技术的迅猛发展、新的营销途径和方法的推陈出新、受众需求和喜好的快速转变与极度细分等是这个时代影响广告业发展的诸多因素，也同样给广告专业教育提出了更高的要求。

从目前来看，借助企业、学界、业界专家共同参与的广告竞赛平台开展项目实训是广告专业人才培养的常用路径，有些竞赛项目专门开设“市场”通道，获奖作品同时也会被应用到实际的商业市场中，这些形式开拓了学校与企业间更为密切的合作方式，给学生提供了实践的机会，为学校教育、培养学生提供了新的方式，这种从学习到竞赛的项目驱动法是值得广告专业人才培养进一步探究的新路径。

广告实践是广告学科体系当中的重要组成部分。它既能对广告学科领域内各项媒介活动、传媒现象、广告活动的一般性原理进行具体践行，又能为学生今后的行业应用过程提供初步、系统的指导，是让广告学科学生获得坚实学识基础与实操能力的前提和保证。当今社会新媒体迅猛发展，人们的思想观念、文化基因、知识构成和情感方式日益多元化、复杂化，需要学校在教学过程中充分结合时代趋势和广告专业发展规律，努力建构科学的教学体系、运用合理的教学模式、推广有效的教学方法，积极推动学生创新发展并进行实践能力的综合培养。在当前国内高校的广告实践教学中，一贯存在的主要问题是理论和实践的脱节。因此，全国各大高校必须结合本校实际情况，在广告人才培养模式和体系中，坚决贯彻将理论与实践两者有机融合的基本课程培养模式，努力培养出兼具人文素质和专业技能的综合性广告人才，真正能适应现代社会广告业发展和满足广告产业的实际需求。

第一节　广告学专业教学的“理论+实践”基本模式

一、发挥理论素养对学生专业素养的基础性作用

广告学专业课程中的广告学概论、广告创意思维训练等课程作为广告学科体系重要组成部分的广告理论教学内容，总结和阐明了广告行业、媒介环境、媒介操作、广告实践等的基本发展规律，它既是广告实践的高度概括，是广告产业活动和广告实践活动一般性原理的理论提升，又能为广告实践提供全面、系统的指导。广告传媒理论及创作理论主要包括两方面内容，一是广告发展历史和理论，二是广告制作和实践理论，包括广告策划、广告创意、广告媒介原则等理论。这些是广告研究的核心内容，在广告学专业教育过程中具有重要地位。

在广告学专业教育领域中，曾经长期存在着轻视广告理论的思想倾向。有的人认为，广告理论没有什么实际意义，学不学广告理论跟能不能拍出好的广告作品、做出成功的广告产业没有任何关系；有的人认为，与其花时间去学习广告和传媒理论，不如把这个时间用于到社会上去参与各种实践，进入广告公司、传媒公司、广告摄制组等，多接触行业一线活动，还能更快学到实用知识，更容易上手。但实际上，在广告行业尤其是创作领域，如果不懂相关理论知识、不按照广告制作的基本规律办事，仅凭经验和热情行事，是不可能创作出优秀的作品的，也是很难经得起残酷广告市场竞争考验的。

在实际的广告传媒课程教学中，我们发现，理论的传授与吸纳是一个循序渐进的过程，在对理论知识点的阐释和通过实践加深对理论内涵理解的过程中，学生会逐渐通过对理论的梳理和判断，深化对广告学科的专业认识，并进一步形成正确的专业立场和价值判断。例如，在对广告价值观形成问题的学习中，学生通过对中外不同类型广告作品内容的筛选、对比、判断，最终领悟到什么是符合大众主流价值观的经典作品，什么是低俗粗陋、娱乐大众甚至误导消费者的违规广告，进而能从理性的高度，对广告创作有一个认真、负责任、三观端正的是非判断。

二、实践环节能实现课堂教学与社会需求的有效衔接

广告实践类课程可以综合锻炼学生们的思维创新和动手能力。例如，广告策划通过将不同环节的广告实践放置于具有理论性、基本规律的框架中，为其他课程的学习提供理论前提，也是广告学科专业形成系统性教学的核心内容。与之相对应的是广告实践内容，在总体结构上基本涵盖了广告行业工作的所有重要环节，通过学习能使学生了解广告实践的基本流程与传播规律。

在教学组织方面，一方面教师可以与学生共同搜集讲解广告案例和资料，另一方面要让学生自行组织，通过各种途径完成策划实践，在相关领域的业务实习和资料搜集过程中将发现的问题进行整理，带回课堂进行讨论。比如在广告策略制定的实践环节中，教师既要通过对一些优秀案例进行讲解与分析，让学生更好地认识到在理论环节中学习到的策略制定是如何在具体的社会环境、竞争环境和自身条件中完成的，同时还要思考在实际操作中以何种专业手段和技巧避免陷入误区，这种技能性很强、针对性也很强的教学过程，能够让学生充分体会到制定一整套广告方案并将方案实现为一套完整的广告作品的不易，既需要前期做大量的准备，还需要在财力和精力上作出充分的牺牲和奉献才能完成，这也能避免学生产生光懂理论、盲目自大、眼高手低的毛病。

第二节　广告实践项目教学过程中的问题

长期以来，不管是专业院校，还是综合类院校，对于广告人才的培养和教育工作，既取得了很大的成绩、积累了丰富的经验，同时也存在着诸多悬而未决、难以彻底解决的新老问题。这些问题的存在和演变，既有教学客体的因素，也有教学主体的原因。当前，作为教育“受者”的高校学生群体，普遍都为“Z 世代”，且多数为独生子女，他们的成长环境、生活习惯和思维方式，与以前的学生相比都有很大的不同，“网生代”的他们对媒介新闻有着天生的敏感性，他们有自己的思考和自己的兴趣，是有想法、有见解的一代。但与此同时，碎片化的时间利用、短平快的娱乐观念等也使得他们中的部分人缺乏深度思考、处理事情的时候耐心不够。相比于从前，一方面，教师在与“Z 世代”学生相处的过程中存在着代际交流和沟通难度加大的问题，课

内和课外、理论和实践项目施行过程中存在师生看待问题的出发点不同、见解不同的情况。另一方面，对于广告学专业人才实践项目教学来讲，由于施行时间不长、可借鉴经验不多，因此高校教师的教学理念、教学能力和教学方法也存在一些问题，需要深切反思。

一、理论课程与实践教学间难以达成的平衡

现代广告自改革开放引入我国之后，经历了40多年的发展和积淀，在形式和内容上都有不断的更新，但是作为市场经济的产物，广告无法绝对地走在社会发展的前列，尤其是在互联网飞速发展的今天，视频、游戏等碎片化的呈现每天以人们难以想象的速度增长，所以在当代高校学生看来，广告难免显得枯燥落后。年轻人的注意力被层出不穷的新词语、新形象吸引，从而很难静下心来认真分析一则长视频广告甚至平面广告作品，这也是高校广告学专业教师的普遍困扰：学生学习兴趣低下，主观臆断地认为很多经典广告理论已经过时，在当前媒体环境下不具借鉴意义。任何学科都是从理论知识学起的，但理论知识的授课内容枯燥且纸上谈兵，与现实社会异彩纷呈的广告现象相去甚远，学生们普遍对那些听上去很有诱惑力的实践环节充满期待和热情，迫不及待地想要冲到行业一线去从事实践工作，对史论之类的学理课程却难以提起学习的劲头。这种“轻理论、重实践”的实用主义倾向在广播电视、电影、广告学教学中均存在。究其根本，还是因为社会整体大环境趋向于快速的成功学和实用主义，种种急功近利的世俗乱象也影响到高校学生的学习习惯及价值观念，使学生无法真正沉下心来探究经典原理，加深专业积淀。

除了“轻理论、重实践”的情况在高校普遍存在，与这种现象恰恰相反的“重理论、轻实践”的情况也依旧存在。在很多综合类高校的广告传媒课程设置中，往往只注重对学生理论知识的灌输与培养，而忽视对学生实践能力的锤炼。产生这种现象的原因众多：有的是在教学规划上对于实践环节没能给予足够的重视；有的是在学校或传媒学院的技术设备配套上过于陈旧和落后；有的是考虑到必须引进博士学位以上的教学人员，阻拦了广告实践水平较高、学历相对较低的一批师资力量顺利上岗……种种原因，最终导致目前综合类高校内传媒专业学生的实践能力总是得不到很好的锻炼，以至于出现高水平大学毕业生在进入社会后，虽然理论水平较好，但工作能力与行业

熟练程度反而不及那些高职院校学生的情况。尤其是结合近年市场需求来看，由于读图时代特征越来越明显，大量信息都需要进行视频内容的采编和制作，用人单位也更加注重人才的工作经验和实际操作能力，不管是在传统广告公司、各大传统媒体还是新媒体单位工作，都要求毕业生具有较强的自主创新与实践水平。正因为逐渐意识到了目前高校毕业生存在缺乏实践与工作能力等问题，国家已经推出“卓越工程师计划”等一系列措施，积极鼓励提升大学生的创新和实践水平。高校应当尽快探索行之有效的实践教学培养模式和建设体系，助力人才培养战略，不断积累实践成果和社会资源，为今后高校的教学改革实践提供更多可供参照的教学样本。

二、陈旧的实践教学导致教与学之间关系对立

当前许多高校在广告实践课程的设计体系上仍旧不够成熟，最主要的原因在于教学系统本身缺乏足够的革新，仍沿袭以教师为中心的传统教学思路，无法很好地调动起学生的实践积极性。

在教学方式上，我国有很多地方院校仍采用传统的课堂讲授，在教学方式上依然采用传统学科沿袭多年的“你听我讲”的教学方式，这种单向式教学应用于实践性很强的广告教育当中，显然并不是最恰当的。加之在教学过程中，使用的常常是十几年前的教材内容，听到的是几年前甚至十几年前的案例，与现实严重脱节，自然无法很好地调动学生的积极性，这也是我们在看到学生身上存在问题、感叹学生缺乏常性的同时，更需要反思教学方法和教师自身缺陷的最主要原因。

事实上，当今社会正面临迅速而广泛的媒介革新运动，世界每个行业甚至每个角落，都在经历着新技术媒介革命的冲击。新媒体异军突起，尤其是微博、微信、智能手机、平板电脑、阅读终端等媒介产品出现，在大大拓展新闻传播形式与时效的同时，也给所有传媒行业和工作者带来了切身的影响和巨大的挑战。作为任课教师，如何用经典理论去解释这些传媒新问题并提出新的发展建议，都需要认真思考，并从理论高度上予以解答。

迅速发展的传媒社会带来了无数令人应接不暇的新事物和新观点，导致当前教育界对广告产业发展和广告传媒现象的总结还不能很好地紧跟现实，更无法以及时有效的方式对学生进行讲解。学生接受信息和资讯的速度与敏感性往往比教师还快，他们也渴望课堂上的教学能切中要害地解释他们在现

实生活中遇到的传媒困惑和问题。

比如，视频网站 YouTube 提供开放平台，与数千家提供内容的公司合作，共享广告收益；苹果公司提供平台，与数百万软件开发个人合作、分享利益。这些都是在新环境下发生的广告行业的新状况，教师如果照本宣科，就无法很好地解释现在出现的很多传媒行业的新问题和新现象。

因此，随着信息技术的迅猛发展和课程改革的不断深化，在教学过程中高校应充分利用现代教育技术、良好的新型信息化教学环境，充分运用网络、幻灯片、视频、多媒体演播室、剪辑室和录音棚等各种技术设备和手段，获取丰富的广告传媒案例和信息素材，为学生设计出丰富多彩、足以学以致用的教学程序，在多媒体环境和传媒技术条件下保证教学效果，实现教学目的。

第三节　综合性广告人才培养的实训框架

自 1997 年新媒体出现在世人眼前，30 年来，随着互联网的飞速发展、移动终端的更替、信息技术的提升，新媒体的形式及内容也更加多样。从 Web1. 0 时代到 Web2. 0 时代，还有即将全面来临的 Web3. 0 时代，新媒体用户流量也从门户网站、博客、搜索引擎向社交媒体、网络视听媒体转移。而随着 Web3. 0 时代的迫近，各种媒体向相互融合的方向发展，将实现对用户更精准、更个性化的推荐，信息内容将更加有效地传递给目标受众。正如安东尼·吉登斯在《失控的世界》中指出的，“即时电子通信不仅是新闻或信息传递的更快捷方式，它的存在改变了我们的生活结构”①，新媒体对于社会发展的影响不容小觑，从广告领域来看，跨媒体数字化营销时代已经成为广告发展的新阶段。

新媒介环境下的技术、经济、社会和文化飞速变革，深刻影响着广告行业的发展，在数字化跨媒体沟通成为必然的条件下，广告教育如何适应这样的一个新时代，如何实现广告教育、广告人才培养和时代的接轨、实现广告教育的跨越式发展，显得至关重要。

作为实践性极强的应用学科，广告课堂教学往往通过增加案例教学或是通过实践模拟的方式增强教学效果，并通过专业实习来实现与行业的对接。

---

① 吉登斯．失控的世界［M］．周红云，译．南昌：江西人民出版社，2001：7.

但是，案例教学和实践模拟仍与现实存在差距，仅凭几个星期的实习也难以真正融入实习单位的环境，同时由于实习周期的限制，学生也很少有机会承担具有专业内涵的实际工作，因此，通过上述路径的教学措施仍然难以满足环境对人才培养提出的较高要求。

在把握新时代广告的使用领域、作用、影响力和要求等诸多因素的基础上，将实训框架引入广告教育，将涉及的实践性教学重新定位，对于形成符合时代特征的广告人才培养框架，进一步改善广告教育的层次结构、课程设置、就业指导等具体问题应有所裨益。

智媒时代背景下，创新型、复合型、应用型综合性广告人才培养的实训框架包含专业竞赛、广告实战及专业实习三大部分（见表 4-1）。这三者从本质上来看，都是将理论与实践相结合，促进学生与实践、行业、时代环境的互动，提高学生的综合素质，增强学生适应广告实践活动、广告行业发展和时代环境要求的能力。高校应该认真规划三者在广告人才培养过程中的时间和比重，让三者互为补充、层层递进，发挥其最大作用。

表 4-1　综合性广告人才培养实训框架

实践形式	开展范围	参与主体	效果控制
专业竞赛	校内课堂为主 校内课外为辅	全体学生、任课教师	课程考核及竞赛结果
广告实战	校内实训项目小组、训练营等与课外相结合	部分学生、教师团队、政府部门、企业、行业组织	项目单位反馈及教师评定
专业实习	校外实习单位为主 校内课外为辅	全体学生、带队教师、实习单位导师	实习单位反馈及参与实习单位的项目实践效果

一、专业竞赛型实训

综合性广告人才培养实训框架的第一种类型，是广告专业任课教师根据自身课程内容和要求结合专业竞赛开展实践教学。这已经是广泛实现的一种实训形式。竞赛实践对学生实践能力培养的优势体现在：一是对全体学生实践能力的统一培养；二是对学生广告技能的全面培养；三是有助于教师团队全面了解全体学生的优势特长、实践方向和发展诉求，为实训项目的开展奠定基础。

各高校应该始终将组织和指导学生参加广告专业竞赛作为实践教学的重要环节，在竞赛活动启动、命题解析课堂、竞赛指导等各个阶段，教师团队应利用大量时间指导学生，在竞赛作品提交阶段，教师团队带领学生团队，服务同学，尽职尽责完成作品收集、提交工作。为切实提升学生创作能力，激发学生的创作热情，使学生对课堂讲授的理论知识具有更感性、具体化的理解，从而实现知识的有效转化，确保实践教学更加高效实施，大赛活动用“以赛带学、以赛促教”的方式，将专业竞赛融入课堂教学。高校教师可以尝试将竞赛指导无缝嵌入课堂教学环节，使学生在参赛中有所学、有所思、有所悟，课上、课下师生互动更为密集，以授课内容促进创作节奏，以竞赛实践帮助知识的理解和吸收。

目前，中国大学生广告艺术节学院奖、全国大学生广告艺术大赛、时报广告金犊奖等赛事均结合企业根据自身需求发布的命题，给学生提供了大量与实际紧密关联、实操性极强的实训机会，平面类、视频类、策划类、广播类、互动类等多种参赛类型涵盖了广告实践的方方面面。以全国大学生广告艺术大赛（以下简称“大广赛”）为例，是由中国高等教育学会、教育部高等学校新闻传播学类专业教学指导委员会主办，全国大学生广告艺术大赛组委会组织，中国传媒大学、大广赛文化传播（北京）有限公司承办的全国高校文科大赛。大广赛自 2005 年至 2021 年已成功举办了十三届，以及一届专题竞赛，在各省、自治区、直辖市设置近三十个赛区，分别组织各高校参赛，是覆盖全国 31 个省、自治区、直辖市的大学生竞赛平台，是规模大、覆盖面广、参加院校多、参加师生人数多、参赛作品水平高的国家级广告类大学生专业赛事，成为众多高校广告及相关专业实践教学改革的试金石、检验平台。参赛作品分为平面、视频、动画、互动、广播、策划案、公益、营销创客八大类，以企业真实营销项目作为命题，与教学相结合，真题真做，了解受众，调研分析，提出策略，现场提案。大广赛成为教学与市场相关联的实践教学平台，也成为企业提升知名度及扩大影响力的传播平台，自举办之初至今，先后有 100 余家企业与大广赛进行了命题合作，聘请学界、业界资深专家、学者和企业高管组成专业评审团，是大学与企业、行业交互的平台。线上、线下互动分享、交流，提升学生实践能力，探讨创新，产生了大量优秀作品，不仅使企业收获丰富的、具有创意的鲜活作品，也树立了有活力的年轻品牌形象，让企业的理念、产品在大学生这个庞大的群体中得到有效的传播。

任课教师指导学生参赛，既有利于促进课堂理论教学与实践教学的关联性，也搭建了课堂教学与广告主和广告行业的交流平台，以下用一些具体的课程设置来举例。“广告策划”是广告学专业学生的基础课程，教师可以在课程中指导学生进行问卷设计，实施市场调研，完成市场调查报告，确定市场推动机会和策略，指导学生根据竞赛项目策略单制定广告策划主题，围绕广告策划主题制作广告主视觉、平面广告、视频广告、媒介排期等，让学生在参与竞赛的过程中对广告行业有全面的了解，对策划方案的实施有整体的把握，锻炼学生的综合实践能力。“新媒体广告研究”是广告学专业的特色课程，任课教师可以课程内容为依据，结合新媒体竞赛内容中的 H5 广告创作，指导学生熟练使用 H5 软件，协助学生选择 H5 广告的视觉、音频设计元素，指导学生对制作 H5 广告进行后期完善。“广告摄影”课程则可以给学生们的平面与影视广告完稿提供更多专业思路和技术支持。高校教师团队可以将专业学生进行编组，通过课堂实训方式全过程参与，给予学生切实有效的指导，为学生的创意执行把脉，及时调整执行中遇到的各种问题。“创意思维训练”课程可以结合竞赛策略单的命题组织学生进行头脑风暴，使学生在创意激发中体验创意产生的思维过程和不同的思维类型，指导学生提升和深化创意初稿，挖掘出最具潜力的创意。“当代视觉与广告”课程可以通过引入当代艺术的诸多视觉现象，使学生创意的视觉表达更多元，辅助学生做好完稿，使参赛作品的呈现更为精细和丰富。“优秀广告作品赏析”课程可以通过对世界顶级广告作品的观摩和鉴赏，使学生在向大师作品学习的同时，把握创意的规律，激发更多的灵感，与此同时，有条件的高校还可以在课堂实践教学环节邀请校外业界老师，通过公司实际案例来启发学生。

二、广告实战型实训

综合性广告人才培养实训框架的第二种类型，是将广告项目引入校园，开展广告实战。例如，中央财经大学文化与传媒学院广告系开办的校内创新实践基地“龙驹传播”模拟广告公司，设有专业办公室，形成了一系列管理制度，设有总经理及部门总监等重要岗位，从模拟“项目化运作”发展到模拟“公司化运作”，全面地提升同学们的专业能力与职业素养，有效实现了校企间在广告人才培养方面的合作，完成了多个企业或公益传播项目的调研、策划、创意课题，有效地提高了人才培养的质量，对培养体系建设、学生就业创业等均有促进作用。

又如北京大学广告系于2015年开展的数字营销实战，在广告系大三“广告类型研究”课程和专业硕士一年级“广告案例研究”课程教学中，“联合数字营销平台腾讯、今日头条、新浪微博，以及联想、欧诗漫化妆品、富光保温杯等企业参与支持，给予各组学生一定的广告费用，利用数据平台进行市场分析，制定制作营销推广策略和推广内容，并通过程序化购买进行投放，根据实际效果调整方案，真正通过各类营销手段帮助企业销售产品、树立品牌”①。相比第一种类型的竞赛实践，广告实战更向前迈进了一步，补充了竞赛实践无法实际进行广告投放、效果监测及方案调整的缺憾，让实训环节更为完整有效，在评估阶段广告主的参与以及在效果评定环节广告主的加入使得评估更具现实意义。

三、专业实习型实训

广告专业实习也是实训框架中广泛采用的类型，有很多院校的广告专业都在培养计划中设定了专门课时、小学期等用作实习，也有很多院校与行业内的广告公司、媒体的广告部门以及企业的广告部门缔结了实习合作关系以保证学生的专业实习效果。广告专业实习是将学生完全放置于行业环境中，通过行业人士的指导和引领实现了解行业状况、熟悉行业流程、参与行业实践的培养方式，是学生走出校门、融入行业和社会的重要途径。但目前专业实习除了极少数学生能接触到实习单位的核心工作，大多数学生都因欠缺日常积累、综合素质达不到行业实践要求、上手慢、思维方式稚嫩等原因而使得实习往往流于形式，教师也常常不能完全掌握学生实习的真实情况，在实习评价真实性方面存在较大漏洞。如果缺乏前两种类型的引入，未能在校内充分实现教师引导下的学生实训，了解每个学生的能力及特点，那么将学生直接抛向行业内进行“浸泡式”实习并不是解决广告专业教育与行业实践要求脱节的根本办法。因此，专业实习应建立在竞赛实训和实战实训的基础上，才可能发挥其应有的培养机制。

---

① 陈刚．走向数字营销实战的广告教育创新［J］．青年记者，2016（25）：67-68.

第四节　实训框架在综合性广告人才培养中的特点和效用

尽管上述三种类型在实训结构的完整程度、开展范围、参与人员类型以及效果控制因素等方面存在一些差别，但总体来讲，在基本思路、特点和效用方面仍是相同、相通的，具体表现在以下几个方面。

一、同行公益，凝练品德

学生良好专业品德的塑造不能仅仅停留在课堂和口头上，实践和实训中的真实活动可以锻炼心智、凝练品德。在广告竞赛活动中，广告专业教师在广告主题的选择方面，可以兼顾商业广告创作和公益广告创作两大类型，并在创作过程中引导学生利用汉语言文字属性、优秀传统文化、红色基因等元素进行广告创作，如 2020 年、2021 年中国大学生广告艺术大赛中“战‘疫’”和“理想照耀中国”公益主题广告创作。在这种实践过程中，同学们通过自己的亲身经历会坚信专业知识一方面可以融入商业广告创意，滋养作品的生命力，另一方面可以融入公益广告创作，更好地讲述中国故事中的真、善、美。

二、打破围栏，贴近实际

当今时代不同于以往任何时代的一个显著特征是媒介技术的快速发展，它不仅是在技术层面发生作用，还深刻影响着经济、政治、文化等领域，引导着社会转型的不断发生。广告作为与媒介技术紧密相关的一种社会存在，涉及经济、政治、文化、技术等各个领域，是一门综合性、实践性极强的学科。传统的课堂教学已难以适应其演变的速度，教学的滞后给学生造成的认知和实践鸿沟对其今后发展都将形成阻碍。因此，实训框架的引入，是将实际的企业需求同步带入课堂教学、校内课外活动等各个环节，打通了校园和校外的连接，真正做到借众人之力促进广告专业人才综合素质的提升。

此外，为了更好地满足社会融合、信息交流的需求，广告也打破了与宣传、营销、公共关系等其他形式和手段的界限，在实训过程中，学生也能根据任务需求，学会将广告与其他传播手段相互融合、共同作用，打破学科间的围栏，促成学科间的融会贯通。

三、激发兴趣，颠覆课堂

媒介类型的多样化和技术的复杂性，受众细分成更小的群体单位，加之媒体更新周期的缩短，使得“做广告”的每一个环节都变得更为复杂。不同类型的广告实训的引入，让学生在任务中激发学习和实践的热情；工作的复杂程度、层层递进的任务表意味着实训任务往往不可能在课堂上完成，打破了课堂时间和空间的限制；宿舍、操场、图书馆、咖啡馆都可能成为学生提升自我的空间，改变师生单一的教与学的关系，演变成为项目组成员、合作伙伴、甲方和乙方等；通过课堂教学、邮件往来、小组讨论、课堂汇报等多种形式，缔结了更为紧密的师生关系，在这个过程中共同学习、共同经历、共同成长。

任务需要通过众多平台、器材和软件完成数据获取、问卷发放与回收、数据统计和分析、拍摄录制、设计制作等众多工作，还需要掌握方案演示、汇报演讲等其他技能，加之上述对各学科的涉猎，促使学生不断贴近培养创新型、复合型、应用型广告“通才”的专业教育要求，挖掘了学习潜力，促进学生快速成长。

四、团队意识，分工协作

团队合作往往在实训开始前都会被重点提及，学生根据项目完成需求自由组合，并协同合作共同完成实训任务。实际情况也反映出团队间的协作关系常会受到各种冲击，矛盾不断，甚至产生激烈的争执，这对组长的领导能力、协调能力和成员间的沟通协调能力都提出了极高的要求，从结果来看，团队合作关系的好坏直接影响到任务的完成情况。

在广告行业内，任务也较多由团队完成，因此，学生在实训过程中面对的团队协作问题也将是其未来工作的常态。在实训中妥善处理问题，吸取经验，提高情商，塑造有效的团队机制、培养良好的团队精神和合作意识，将有利于学生未来的发展。

第五节　项目驱动法与广告竞赛结合的教学实践

基于上述广告专业人才实训框架，进行进一步的探究，我们发现“项目驱动法”作为一般竞赛项目的延展，对于广告学专业学生而言具有更强的吸引力。项目驱动法更紧密地将师生结合起来，一改从前师传生受的模式，真正让师生协作起来以发挥最大合作效果。当然，项目驱动法不仅可应用于竞赛参与，还可应用于模拟公司的组建、工作室的运营。该教学方法实用性强、可应用范围广，是高校应该积极探索的人才培养模式。

一、项目驱动法的实施目的

为了适应广告卓越人才培养工作，更好地适应广告人才培养的时代要求，进一步深化广告教育教学改革，提高广告教育教学质量，各大高校纷纷尝试项目驱动法。从目前各高校广告学专业的教学现状来看，学生接触广告实践的机会相对集中在课外实习中，课堂内仍需加强理论与实践之间的关联度，提升课堂教学的效果，提高学生课堂学习的积极性，并促成其实践能力的培养。

因此，在高校应着重开展项目训练和广告竞赛相结合的教学实践，着眼于评估对比参赛前和参赛后学生的学习主动性与积极性、评估学生与课堂教学以及教师间互动关系的变化，并考核学生学习质量。其中，广告项目与广告竞赛结合的项目驱动法施行过程中要解决的主要问题包括：

（1）帮助学生建构更为合理有效的项目小组；

（2）挑选恰当的竞赛项目作为小组任务；

（3）建立恰当的学习评价标准；

（4）考核学生在该项目实施时的变化与效果。

广告项目与广告竞赛结合的项目驱动法的主要特色是：

第一，进一步增强了教学的实践性。能够将广告策划创意等课程的基本概念和理论结合竞赛项目，课上学习理论、课下付诸实践，真正做到理论与实践相结合，在夯实基础知识的同时使得教学过程不再枯燥。与此同时，在项目实施过程中，学生针对当前的市场环境、消费者群体的特点，进行实际的市场调研、策划、创意、媒介选择等各项工作，全方位体验广告实践的各个环节，并提交具有指向性的成果，全面提升学生的实践能力和广告专业素养。

第二，进一步增强小组成员间的合作与协同性。针对竞赛项目开展的小组训练与课程同步展开，每个步骤都有相应的任务和要求，课上课下、理论与实践环环相扣，详细周密的安排能有效解决小组组织松散的问题，提高学生面对项目的反应能力和行动效率，利于激发同学们的兴趣，使大家发挥各自的优势和特长，共同完成小组任务。

第三，提高高校广告学专业学生的主动性。参赛本身就是一种激励机制，能够着重凸显学生项目训练的主体地位，发挥学生的主动性与创造性。项目驱动法更是将竞赛内容细化，条分缕析地进行项目梳理、创意发掘，学生在参与实训项目的过程中能实时体会到从知识输入到输出的快感以及灵感迸发的成就感，从而进一步激发学生的主动性。

二、项目驱动法的实施过程

（一）竞赛类型选择

目前国内大学生参与最多的广告竞赛主要包括大广赛、学院奖、金犊奖三项赛事。

大广赛全称为“全国大学生广告艺术大赛”，是由中国高等教育学会、教育部高等学校新闻传播学类专业教学指导委员会主办，全国大学生广告艺术大赛组委会组织，中国传媒大学、大广赛文化传播（北京）有限公司承办的全国高校文科大赛。

学院奖全称为“中国大学生广告艺术节学院奖”，由中国广告协会主办。中国大学生广告艺术节是由国家工商总局批准、中国广告协会主办、《广告人》杂志社承办的国家级大学生广告艺术活动，内容涵盖学术研讨、创意大赛、娱乐评选及人才交流等方面，从第 13 届开始，中国大学生广告艺术节学院奖在原来赛期的基础上将活动延伸至全年，整体赛制分为春季赛（10 月至来年 7 月）和秋季赛（7 月至来年 3 月）。

金犊奖全称为“时报金犊奖”，是全球华人地区规模最大的学生广告活动，每年都有来自世界各地的学生参与，因作业严谨、专业、权威，被行业称为“青年创意的奥斯卡”。作为华人圈历史最悠久的青年创意奖项，金犊奖协助广告业界培养广告新兵，提供给学生一个创作平台，鼓励并提升新一代广告新鲜人创作水平。

各高校可根据本校课程安排以及学科专业特色选取合适的赛事项目作为课程实践的关联竞赛。

（二）教学实践操作

高校广告学专业可以大二、大三、大四年级的学生为对象，将课堂项目训练内容与当年所选的相对应的广告类大赛相结合，教师与学生在课上与课下共同完成专业理论学习和竞赛任务，并将最终成果提交参赛。这里我们以“广告策划”这门课程为例，讨论实施方法，具体步骤如下。

（1）学生自愿分组，结合行业实际情况以及各大赛事参赛要求，建议每组人数不超过 5 人，分组需考虑组员分工，如市场调查与数据分析、广告策略制定、广告创意设计与制作、媒介策划与媒介预算以及策划书的策划、创意与制作。

（2）各小组学生根据所选赛事提供的策略单，选择相应命题。

（3）学生根据策略单中企业提出的策划要求选定目标受众群体，并针对目标受众制定市场调查问卷，教师评价目标受众群体的选择，审阅市场调查问卷，提出修改意见，确认无误后，学生开展市场调查。

（4）学生回收市场调查问卷，对问卷中的数据进行统计分析，撰写市场调查报告，完成宏观环境分析、市场环境分析、产品分析、竞争产品分析、目标受众分析等内容，做出 SWOT 分析，并确定产品进入市场的机会和基本方向。市场调查报告由每组同学在课堂中进行课堂报告，教师和其他各组同学对该组报告进行评价和修订。

（5）根据市场调查分析数据，学生制定统揽广告策划书的广告主题。为提高学生的创新能力并结合广告业界的实际情况，每个小组制定 10 个以上主题为宜，教师参与每个小组的主题讨论，从中选出最恰当的主题。学生对选中的主题进行概念陈述，并完成对主题的标志设计。

（6）学生根据主题制定完备的广告传播策略，策略需从线上和线下、品牌和营销、传统媒体和新媒体、传播类和互动类等多方面进行考虑。根据广告业界的实际情况，每个小组每种类型的策略应提供三个以上方案，教师参与每组的策略讨论，共同从中选出最恰当的策略方案。需要注意的是，小组方案还要考虑各类策略之间的相互配合。广告策略确定后，由每组同学在课堂中进行课堂报告，教师和其他各组同学对该组报告进行评价和修订。

（7）完善方案之后，学生根据策略方案进行广告创意的设计和制作，根据广告业界的实际情况，每种类型的广告创意应提供三个以上方案，教师对广告创意的设计和制作进行协助。广告创意完成后，教师参与每组的创意讨论，从中选择出最恰当的策略方案。广告创意方案确定后，由每组同学在课堂中进行课堂报告，教师和其他各组同学对该组报告进行评价和修订。

（8）学生根据广告创意方案选择恰当的户外媒体、电视媒体、广播媒体、报纸媒体、杂志媒体、电影媒体、网站媒体、互动类新媒体，注重不同类型媒体间的搭配组合，实现媒介组合优化。在确定媒体类型后，选择具体的媒体单位和广告单位，查询具体的媒体单位的广告刊例价格，确定广告投放时间和频率，计算广告费用，并与所选广告赛事的策略单中企业给予的广告预算相比较，确定最终预算。教师参与每组媒介策略的讨论，指导学生评估所选媒介及其媒介组合的合理性，并根据预算考虑媒介策略的可行性。

（9）学生将市场调查报告、广告策略方案、广告创意和媒介策划的内容整合成为一份广告策划书，将其中的内容用适宜的图片、图表等形式展示出来，确定广告策划书的排版模板，使用 Indesign 等软件进行排版。教师参与每组广告策划书的排版商讨，确定适宜广告策划内容的版面版式，确保排版设计能展示出最佳的广告策划的内容和主旨。打印草稿，审阅广告策划书打印版是否存在需要修改的部分，定稿后使用恰当的纸张类型和装订方式打印定稿。在所选赛事的官方网站上报名参赛，并在规定时间内打印报名表，按照赛事具体要求进行作品提交。

（10）作品提交后，应安排一次参赛心得分享会。教师和学生分别讲述参赛心路历程，交流参赛经验，总结不足之处。通过分享，教师可以重新审视整个课程与实践结合的紧密程度，从而根据学生们的真实反馈对实训框架作出及时的调整和补充。学生也可以从中总结经验教训，为之后的实训参赛积累经验。

在上述贯穿课程始终的、涉及广告策划每一个流程的、以广告竞赛作为项目来源的、具有明确指向性的项目训练，从实施到结束，在以班级为单位讲授广告策划理论知识的基础上，加强了教师和小组学生的深入接触和广泛讨论，形成了教师和学生之间更为亲密的互动关联。

在课程评价方面，形成教师评定、学生自评以及竞赛结果相结合的方式，同时也加重了平时评价的比重，而教师通过参与小组讨论，对学生的学习态度、学习效果有了更多更深入的了解，避免了课程考核中可能存在对学生缺乏认识的问题。在项目训练法的指导实施下，学生不仅对课程学习的参与度大大提升，与此同时，兴趣得到激发，参赛热情不断提高，有助于学生综合能力的培养。对教师而言，项目训练和广告竞赛相结合的课程教学为教师提供了理论研究的基础，提示教师从教学和实践的角度出发，探讨项目实施的情况、效果以及在教学改革方面的反思与拓展。

综上所述，对于大多数高校广告学专业而言，实训框架是其培养应用型广告人才的实施路径，项目驱动法在广告学专业教学中发挥积极的促进作用，对于学生与广告行业接轨也起到正面影响。课堂与赛事结合的方式进一步激发了学生的学习兴趣；课上学习理论、课下应用到实践当中的模式提高了学生的学习效率，同时也能加深学生对所学专业知识的理解；参赛过程中不断的讨论打磨锻炼了学生的沟通和表达能力；提出创意、接受反馈的实时修正机制有利于提高学生思想的成熟度。对教师而言，项目驱动法将教与学真正紧密联系起来，教师可以通过学生们的参赛情况实时接收到课上教学反馈，从而调整教学模式，不断寻找适合广告学专业创新型、复合型、应用型人才培养的模式。

项目驱动法对师生而言虽具有极大的正面影响，但其仍具有一定的局限性：第一，项目训练仍较多在校园内完成，提交后由评委和企业代表进行评审，参赛学生与企业较少有面对面的沟通和交流，学生在处理客户关系、为客户进行方案汇报等方面还欠缺机会；第二，广告学专业课程之间往往具有较强的关联性，如广告策划、广告创意这类综合性的课程，与其他课程如市场调查、文案创意、广告设计、媒体研究、广告效果等都密切相关，竞赛项目和多个课程之间的整合联动还需要进一步完善；第三，依据评委评定的获奖作品来衡量和检验实践成果，虽能给学生带来成绩认可、获得感和成就感，但评价反馈路径还可以更加多元化、市场化。因此，高校广告系若能利用自身资源和优势，在实训框架内增加实战环节，弥补竞赛在实操性方面的欠缺，并通过竞赛和实战强化学生的综合素质以及适应能力，再在此基础上引导学生进行专业实习，应能有效缩短学生适应行业的时间，更快更深入地涉及并参与行业实践，帮助学生真正从实践中提升专业认知和综合素养，也许是切实推动广告教育的创新发展、培养符合社会期待的新型广告人才的有效路径。

在纷繁复杂的时代变迁中，高校的广告实践教学要与时俱进、紧密结合传媒新问题、准确把握传媒发展脉搏、及时调整和丰富传媒教学方法和模式。因为任何一种知识的建构都是不断发展的，而任何一个专业教学体系的完善也总是动态变化着的。在人们获取知识和信息的途径越来越丰富的当今社会，大学课堂存在的最根本意义，并不仅是为了把知识传递给学生，而是为了通过创造性的想象空间，为年轻人提供一个自由平等、富于热情、能激发出彼此思考潜能的开放式平台。学生得到的不仅是了解知识、懂得动手，而是学习能力、认知能力和思辨能力的综合提升。为了完成这一教学目标，不仅学生要学，教师更要学，学生与教师双实践，才能确保教学效果的真正实现。

第五章　从实践到实战：市场化产品拟真运营在人才培养中的应用

信息科学技术与世界经济全球化，促使知识经济得以萌生和快速发展，全球经济的发展与竞争，最终归于人才资源的竞争，人才资源反过来又对知识经济的进一步成长、成熟起着重要的推进作用。发展知识经济的核心是人才，因而具有知识的人才资源是知识经济中最重要的资源。一个国家或一个行业的发展与进步取决于其创造知识和利用知识的能力，即在于人才资源。媒介技术的迅猛发展，改变着广告产业的生产场景、营销途径和传播手段，数据和计算的深刻嵌入、受众需求和喜好的快速转变与极度细分、数据安全和个人隐私问题的凸显，成为我们所处的这个时代影响广告业发展的诸多因素。在诸多广告教育从业者的共同努力下，广告学专业教育从单一性、低门槛发展成为综合性、专业化的学科，如今，在大数据、云计算和人工智能快速发展的背景下，面临着前所未有的跨学科、专业化发展的巨大挑战。

在智媒时代的大背景下，应充分发挥人力资本的作用，把广告学专业人才当作广告产业增长的内生变量，将人才资本应用到广告产业链，创造人才优化流动，形成人尽其才的社会环境。培养高素质的广告专业人才，是在“十四五”阶段提升广告产业核心竞争力的关键所在，也是实施国家广告战略，加快我国由广告大国向广告强国发展的重要构成。

中国广告的发展顺应着国家经济发展和文化软实力建构的需求，是与中华民族伟大复兴的国家理想一脉相承的。隶属于文化产业、现代服务业、创意产业的广告产业，其发展水平反映着一个地区的市场经济发展状况、科技进步水平、综合经济实力、社会文化水平和社会生活质量。“邦之兴，由得人。人才蔚，国运兴。”作为国家产业结构中的重要组成部分，中国广告业发展在遵循国家人才战略的基本逻辑的基础上，人才发展正加速适应经济的快速发展、科学技术的创新发展、社会结构的极大转变、市场和环境的急速变化，以期为国家和民族发展战略的实现贡献自身力量。

在透析时代背景、合理认知当下我国广告教育的地位、观念、责任等问题的基础上，通过逐步推进广告实战模式，有利于将专业教学与时代背景和行业实际相关联，创造更适应时代发展的教学环境和培养机制，促成广告学专业人才综合素质的提升，为高校广告学专业人才培养提供新路径和新思考。

第一节　从实践到实战的广告人才培养模式探索

一、理论培养与边界拓展

经过高等院校几十年的广告学专业建设和学科培育与发展，高校广告学专业人才培养模式在探索中不断精进，如曾经长期存在的轻视广告理论的倾向有了极大改善，加之广告与前沿技术和社会文化的关联愈加紧密，对广告从业人员的理论水平、技术和人文专业素养提出了极高要求。作为广告学科体系重要组成部分的广告理论教学内容，在总结和阐明了广告行业、媒介环境、媒介操作、广告实践等基本发展规律的同时，结合新技术、新要求，不断拓展学科融合的理论边界，不断深化对学科认知理解创新的层次。其不再只是对既有广告实践的高度概括，而是综合广告产业活动和广告实践活动的一般性原理的理论提升，以及对未来具有前瞻性和预见性的理论构想；不再只是对广告实践单一领域的研究，而是从人类文明发展的视角出发，从经济、社会、文化各个领域深入地探讨和研究。

广告学专业教育为广告学专业学生提供全面、系统的指导，从理论架构上主要包括以下几个方面内容：一是广告发展历史和理论；二是数据、计算等技术相关领域的专业理论；三是思想文化、传播、美学、社会学、人类学等相关专业理论；四是广告制作和实践理论，包括广告策划、广告创意、广告媒介原则等理论。这些是广告研究的核心内容，在广告教育过程中具有重要地位。

在学生中，不重视理论学习的仍占有较大比重。在本科阶段，就广告学专业而言，各高校文科背景的学生占绝大多数，学习数据、计算等相关理论有较大困难，因而学习动力不足。然而，随着网络技术发展而出现的广告研究新范式，涉及大规模搜索和文本分析、信息检索、数学建模、机器学习、推荐系统、优化策略、博弈理论、拍卖理论以及微观经济学等多种学科，理论跨度大、难度大、层次深，对学生的理论学习提出了极高要求。与此同时，广告运作模式涵盖了搜索广告、定向广告、广告网络、广告交易平台、实时竞价、程序化广告、原生广告、信息流广告等多种技术型应用，与传统的广告创意、策划、设计、制作形成巨大差别。如今的广告行业，从业人员如果没有理论的加持，难以对广告实践有深刻认识，更不容易做出符合市场需求的广告作品，很难经受广告市场的竞争考验。

首先，在实际的理论课程教学中，教师的自我学习和理论知识的不断更新拓展是理论教学对教师提出的新要求，无论何种学科背景，都必须面对数字智能时代背景下对综合性、跨学科理论学习的极高要求。其次，专业理论应形成合力的框架体系，发挥教师的理论专长，结合或开设相应课程，完善对学生理论体系的建构和培养。再次，理论的传授与吸纳是一个循序渐进的过程，在对理论知识点的阐释和通过实践加深对理论内涵理解的过程中，学生会通过对理论的梳理和判断，逐步深化对广告学科的专业认识，并进一步形成正确的专业立场和价值判断。

二、实践操作与模式创新

（一）案例分析向案例讨论的转变

在传统的实践教学中，案例分析是重要的教学形式和内容，教师搜集广告案例和资料，通过课堂讲授的方式传递给学生。如今，案例分析仍是重要的教学形式和内容，但从组织过程和教学过程来看，更大程度上向着发挥学生主动性和主导性的方向转变。一方面，由于互联网的快速发展，加之新兴传播形式的不断涌现，如今高校学生在案例获取和多元体验方面甚至优于教师，因此，通过调动学生的积极性鼓励学生和教师共同关注、搜集、整理、分析、讨论、总结广告案例和资料，教师与学生共同搜集讲解广告案例和资料。另一方面，理论和实践两者之间是互为补充、相辅相成的关系，要让学生自行组织，通过各种途径完成策划实践，在相关领域的业务实习和资料搜集过程中将发现的问题进行整理，带回课堂进行讨论，协助学生解决实际工作中遇到的问题，并将问题系统化、理论化，让学生更好地认识到在理论环节学习到的策略制定是如何在具体的社会环境、竞争环境和自身条件中完成的，同时思考在实际操作中以何种专业手段和技巧完善实践。

此外，在广告实践教学中，关于广告行业现状与问题的研究、关于广告行业与新媒体产业融合问题的研究、关于不同类型广告传播方式和效果的研究、关于传媒受众的研究、关于广告知识产权与版权的研究、关于数据使用规范和隐私保护的研究、关于广告实践的合规合法研究等等，都可以从广告理论中得到相应的支持。换句话说，对于一些重要的共有的知识问题，广告理论内容和广告业务内容会从理论和实践角度，对其作出异曲同工、殊途同归的科学解答。通过有针对性的实践引发理论、理论解决实践的教学过程，帮助学生夯实基础、提升素养、增强技能。

（二）单一实践向多元实战训练的转变

广告学是一门实践性极强的专业，广告学专业的理论学习和实践素养的共同培养与提升一直是广告学专业的培养目标，同时也是广告学专业培养的重点和难点。高校教育与广告行业需求之间的脱节也常常成为业界对高校广告教育的不满所在。针对这种人才培养和人才需求之间的不匹配，广告学专业培养也通过各种途径促成产学之间的合作和交流，通过各级、各类、各种途径的实践、实习帮助学生在牢固掌握广告学专业理论学习的同时，快速提升自身在广告行业中各方面的实践能力和素养。

高校广告学专业教学在实践方面采取了多项措施，通过专业讲座、专业实习、组织学生参加各级各类广告竞赛，促成学生全方位参与广告实践活动，全局性、整体性的策划能力和团队合作意识有了较大提升，在对学生的实践能力培养方面成果显著。

广告实战型教学是集合创新教育与创业教育的人才培养模式，符合国家创新创业的宏观战略。国内许多高校广告专业发展时间长、资源丰富，有能力且有必要在推进广告实战教学方面独树一帜，发挥专业资源的优势。引真实客户和案例进校园，在中央财经大学广告学专业、北京大学广告学专业中已经进行了长期的、多角度的、多类型客户的实践，在专业培养水平提升和社会反响方面都获得了较高的评价。在此基础上引入广告实战教学，将进一步改变广告实践教学围绕某一课程的设计模式，摒除单一课程对学生专业能力全面培养的局限性，有利于从整体出发，促进学生对广告实战产生更全面深刻的认知，并全面使用智媒时代的各类广告形式更深入地参与广告实践活动，提升学生对当下广告产业的适应性。

在广告实战训练中，不拘泥于单一类型的项目，将市场化命题、大型广告节庆策划组织实施、政府规划项目纳入广告实战框架，教师根据学生意愿和能力有针对性地选择符合实战项目需求的人员，全程引导、精细指导、共同讨论、共同完成，让学生在实战训练中多角度、多层级尝试不同类型的项目内容，在全面提升实践能力的同时，逐步找到适合自己特点和优势的工作方向，对学生未来发展提供有意义的支持和指导。多元化实战训练使得学生进一步成为专业实战的主体，除此之外，教师在项目把控中对学生的引导辅助作用也同等重要，实战训练建立起教师为引导、学生为主体的特色教学方式，进一步促进师生间的交流和沟通。

广告学专业多元化实战训练的模式转变进一步打破了广告学专业人才培养的各种壁垒，有助于促进产学研的共同进步，引导学生和教师多方面接触行业、政府、行业组织、企业，全面提升高校广告学专业的竞争实力，使学生、教师和专业都更适应广告行业的各项要求和未来发展。

第二节　广告人才培养的实战训练框架

智媒时代背景下，数字广告相较于传统广告而言，在广告制作、广告投放等环节都发生了很大的变化。数字智能广告具有智能数据、精准匹配及多项互动等特征。其中，智能数据特征是智能广告的特性之一，通过众多用以分析和储存用户信息的数据库形成。同时，智能广告系统会依照数据追踪和算法系统将消费者或潜在消费者进行深化细分，并会依照触媒习惯将广告信息有针对性地推送至不同的消费者，以此形成精准匹配的特征。除此之外，智能广告是以多感官融合为基础的全新广告形式，不仅能做到图片、文字及视频音频的集合，更能由此强化用户与用户之间或用户与广告信息之间的互动，这也是智能广告的显著特征。在讨论智能广告产业竞争时，我们必须正确认识智能广告的这两种特性，将智能广告和普通的广告产业做出区分。

在把握新时代广告的使用领域、作用、影响力和要求等诸多因素的基础上，我们应重新定位广告专业人才培养中的实践性教学，在延续由专业竞赛、广告实战、专业实习组成的人才实践培养结构的基础上，加强实战训练的比重，通过调整和探索，努力寻找符合时代特征的广告人才培养框架，进一步改善广告教育的层次结构、课程设置、就业指导等。

一、推进服务社会和服务行业类型实战项目

新时代的广告人才不仅应该具有专业技能，更应该具有家国情怀，要有专业服务意识和理念，因此要培养应用型广告人才还需要教师带领学生走出校园，参与到社会上的广告活动的策划组织当中，在这其中尤其强调以“服务实践主题”促“专业学习”。强调学生在利用专业服务社会的过程中，既能获得专业成就感，又逐渐树立正确价值观。例如，校园文创产品设计中，既锻炼广告设计能力，又发掘校园文化；公益广告活动组织中，既锻炼组织策划能力，又逐渐认同、热爱公益行为。广告传媒行业是市场性和实践性较强的专业，更需要培养学生的合规意识，提升视野宽度和认知高度。学生在与中国广告协会、地方广告协会等单位开展项目活动的过程中，将自己的课堂、理论学习和社会问题、社会现象结合起来，在强化学生的智力发展、专业学习的同时，促进学生的公民参与度和社会责任感。

高校教师可以根据本校优势，充分发掘各方面广告实训机会。例如，教师可以带领组织能力、协调能力强的学生团队参与筹备中国国际广告节公益广告大赛、北京国际创意节、学院奖校园宣讲等活动，开阔视野、创新思维训练，提升学生统筹策划、创意设计、组织实施、现场协调能力。

以北京国际创意节①为例，首都经济贸易大学广告系组织学生融入北京广告协会北京国际创意节筹备委员会，以“万物互联 智慧传播”“数字洞察世界·传播赋能未来”为主题，圆满完成历届活动的筹备、组织、协调工作。学生参与组织筹备的主要工作内容有：开幕式、论坛、广告作品展览、优秀广告作品颁奖典礼等。论坛规模 300~400 人，征集作品 5000 余件，筛选 2000 余件作品入围展出，展览面积约 2000 平方米。

另外，首都经济贸易大学广告系承接中国广告协会申报教育部 1+X 职业技能等级证书项目，带领同学完成前期资料收集、整理，学生团队辅助教师团队完成《广告审查 1+X 职业技能等级标准》制定工作。广告审查职业

① 北京国际创意节源于 1992 年原北京市工商局、北京广告协会创办的北京国际广告博览会，是中国本土最具广告创新实力、前瞻行业发展动态的论坛、展会代表之一，在业界享有盛誉，每年吸引了众多广告行业精英、行业领袖、知名专家、知名企业领导人参加。“北京国际创意奖”作品征集、评审、展览、发布是创意节的重要内容之一，获奖优秀作品将在创意节的现场活动环节进行赏析交流并集中展示、宣传，同时优秀获奖作品有机会在协会筹建的博物馆中常年陈列展出。

技能等级证书简称“广告审查X证书”。以广告行业岗位需求和职业技能等级标准为依据，对学习者职业技能进行综合评价，证书等级划分充分兼顾企业职级划分和院校人才培养定位的需要，分为初级、中级和高级三个级别，涵盖基础性文本查验、内容和形式审查、疑难案例研判等不同层级工作内容。

2021年，为了让广大师生更好地把握广告审查职业技能等级认证要求，中广协广告信息文化传播有限责任公司依据广告审查职业技能等级标准和考核大纲，组织开发了广告审查1+X证书制度系列教材及配套课程资源。系列教材包括“理论基础”“初级”“中级”“高级”分册，其中“职业基础”教材为初级、中级、高级等级认证的通用必修内容。教师团队带领理论素养高、专业写作能力强的学生团队参与撰写广告专业相关教材，针对广告审查员的岗位需求，围绕岗位核心能力要求，系统编撰了专业基础理论、行业标准、广告审查规范和要求等内容，具有针对性、实用性与前沿性。协助编写高等职业技能相关教材，对学生进一步增强广告理论认识、加深广告理论理解大有裨益。写作过程中资料搜集、案例分析、语言组织、统筹协调等过程使学生对学界和业界均有了进一步的了解，大大提升了学生的综合素质。

二、推进市场化产品运营拟真化实战项目

市场化产品运营拟真化是优化广告学人才实训结构与模式创新中的关键部分，同时也是较难实现的部分。所谓市场化产品运营拟真化，即让学生通过成立“广告公司”的形式，承接广告业务，让学生真正实现从“实践”到“实战”的转变。切实“暴露”于市场环境中有助于学生的快速成长，激发其创新潜力，有利于复合型、应用型广告人才的培养。

目前国内也有很多高校将广告项目引入校园，开展广告实战。北京大学广告系开展的数字营销实战即为市场化产品运营拟真化的优秀案例。北京大学广告系于2015年开展的数字营销实战，在广告系本科三年级“广告类型研究”课程和专业硕士一年级“广告案例研究”课程教学中，“联合数字营销平台腾讯、今日头条、新浪微博，联想、欧诗漫化妆品、富光保温杯等企业参与支持，给予各组学生一定的广告费用，利用数据平台进行市场分析，制定营销推广策略和推广内容，并通过程序化购买进行投放，根据实际效果调

整方案，真正通过各类营销手段帮助企业销售产品、树立品牌”①。这一过程中，在校生组成的“广告公司”与市场上真正的广告主进行接触，从产品了解到广告策略的制定，从广告投放到根据数据平台进行策略优化，全过程中广告主付费、学生沟通、教师适当指导。“真枪实弹”的广告活动参与能大大激发学生的热情和活力，发掘高校广告学专业学生的潜能，在与广告主的交流沟通中，也能推动学生快速了解市场。整个广告活动的实施过程为在校生提供了一个真实的广告市场拟态环境，学生虽未步入社会，但在实战过程中实际上真正承担了广告从业人员的工作，从“角色扮演”到“成为角色”的过程可以增强学生的自信心和应对挫折的能力，提高学生的执行力及社会责任感。

又如中央财经大学文化与传媒学院广告系开办的校内创新实践基地“龙驹传播”② 模拟广告公司，设有专业办公室，形成了一系列管理制度，设有总经理及部门总监等重要岗位，从模拟“项目化运作”发展到模拟“公司化运作”，全面地提升同学们的专业能力与职业素养，有效实现了校企间在广告人才培养方面的合作，完成了多个企业或公益传播项目的调研、策划、创意课题，有效地提高了人才培养的质量，对培养体系建设、学生就业创业等均有提携作用。

广告实战项目补充了之前广告实践项目无法实际进行广告投放、效果监测以及方案调整的缺憾，让实战环节更为完整有效，在评估阶段广告主的参与、在效果评定环节广告主的加入使得评估更具现实意义。从实施条件来看，近年来，高校的师资团队不断壮大，专业素养高的广告教师陆续进入高校，同时，一部分高校的教师团队也拥有与学界、业界、企业的密切关系和丰富的资源，很多企业也愿意尝试校园实战。从硬件方面来看，随着智媒时代的到来，许多高校都在着手建设或升级传媒类实验室，这将为开展广告实战的进一步探索提供优质的环境条件。市场化产品运营拟真化的人才培养模式更向前迈进了一步，让实战环节更为完整有效，对于培养新时代所需要的应用型广告人才具有重要意义，对于智媒时代广告人才培养模式的搭建起到重要作用。

---

① 陈刚．走向数字营销实战的广告教育创新［J］．青年记者，2016（25）：67-68.

② 王竹君，王晓乐．依托实战教学培养双创人才［J］．国际公关，2017（3）：28-29.

第三节　广告人才培养实战项目的困境

一、数字化信息平台建立与对接的困难

信息化、数字化时代，社会生产、公众生活需要海量的数据，信息的处理和加工成为前提和基础，传统的信息加工方面存在方式落后、加工效率低、准确性差等一系列劣势，导致信息加工不能够适应时代与发展的需要。人工智能技术是建立在信息技术和互联网技术基础上的综合型技术平台，其信息加工方式、方法、技术、体系有了重要的转变，检索、存储、加工信息的方式有了根本性的改变，以人工智能技术为平台的信息加工不但实现了工作的便捷化，而且也可以通过信息特征和大数据读取实现关键词检索、范围加工、信息提取等传统技术难以实现的任务，并形成正反两个方面的反馈，既有利于满足操作者对信息加工的要求，也有利于为用户提供更为翔实、更为准确的有价值信息，真正发挥出人工智能技术的优势，提升了信息加工的质量和水平。

传统的问题处理依靠个体的经验和持续的试错，这增加了问题处理花费的时间、资源和成本，而基于人工智能技术平台的问题处理系统可以根据学习理论进行相关问题分析、判断和解决。人工智能技术根据大多数用户的问题进行系统学习，实现对问题更为准确而全面的认知，通过对人脑思维方式的系统模仿，确定用户问题的范围、关键和要点，经过全面加工和检索，为用户提供更为准确、更为全面的答案。以人工智能技术为平台的问题处理系统还可以将分布式的个体经验和普遍化的试错努力整合在一起，这可以大大缩短问题处理的时间，有效降低系统内问题处理的成本，在整个生产和社会层面上节约了宝贵的时间、人力等各方面资源。

2015 年至今是计算广告渗透期，信息技术面渗透到广告运作、广告产业与广告教育中，标志是计算模型对用户的精确锁定，人脸识别、千人千面广告成为其表征。Web2. 0 时代开启了数字媒体传播平台的巨变，社交属性颠覆了单向中心线性传播的 Web1. 0 数字媒体平台，以微博、SNS、Wiki、博客等社会化媒体为标志的数字媒体平台使计算广告也进入社交时代。

庞大的用户属性数据与用户的社交行为数据使这一时期的计算广告拥有

了定向分析用户喜好的能力，广告主可以运用特定标签定位到特定用户群体，进行用户群体分析，凸显出社媒时代的社交价值。这一时期，广告的核心是智能算法推荐下的多维互动。这种互动不仅包括品牌与用户之间的互动，还包括不同用户群体间的互动以形成用户互动体验的差异化。

“实时”是始终贯穿计算广告的特征之一。计算广告 1.0 阶段，广告主对广告位的竞价排名是实时生成的；计算广告 2.0 阶段，程序化购买广告基于实时优化的匹配和竞价实现；计算广告 3.0 阶段，不仅投放前的所有操作具有实时优化性，投放后的监测和广告创意的调整也具有实时优化性。计算实时优化性使在线广告投放的效率远高于传统大众媒体广告，成为大数据时代广告主首选的广告投放策略，如基于 CPC（Cost Per Click）发展而来的 OCPC（Optimized Cost Per Click）。

百度搜索广告、信息流广告、今日头条智能推荐广告等都是新的智能广告投放模式。这类智能平台系统在对消费者数据进行深度挖掘之后，智能实时预估每一次点击的转化率，并在用户场景匹配和竞争环境下智能出价（RTB），强化高转化率流量的获取，弱化低转化率流量的展现，以帮助广告主降低转化成本，提升转化量和投放效率。在这种情况下，动态化的实时优化广告营销策略更能够为不同消费者在不同场景下提供合适的内容、形式和渠道的广告。

计算广告与传统广告的一大区别是计算广告能够高效投放广告。程序化购买利用的是 App 媒体资源中的长尾流量，RTB 平台把闲置的媒体资源提供给各个不同的需求方平台（DSP）进行匹配与竞价，从而将用户参与行为、广告主流量需求、投放媒介三者进行匹配，实现了以用户为中心的互动传播。需求方平台（DSP）在人群定向技术、特定算法技术的帮助下，利用大数据绘制受众的个性化图谱，在相同的广告位为不同受众提供不同的广告，在与用户的交互过程中实现需求与广告信息的精准匹配。

计算广告不仅要根据用户需求和流量进行精准投放，还需要在投放的同时注意广告内容的匹配性。计算广告会将特定的广告内容投放到特定的目标群体和区域，主要以文字、图片、视频或动态网页的形式进行精准投放。这意味着提高广告的点击率、构建良好的广告产业链必须要增强对消费者的了解、提升对于内容的建设。只有用户与高相关度的内容进行匹配，才能形成良好的互动，达到信息传达的目的。

效果可测性是计算广告的又一个重要特征。以海量数据为基础的计算广告，使动态效果监测成为可能，广告主通过精准的数据分析进行智能决策，也可以利用动态数据进行实时监控，使广告效果的衡量方式更加精确化和精细化。互联网时代的“快”属性使得广告行业需要根据消费者需求转变快速反应，通过实时的效果数据对广告策略和内容进行调整，计算广告和大数据实现了这一点。各类广告效果监测工具收集用户的行为数据，为广告主提供实时的效果数据，使得广告决策更加透明、科学化，此外，从样本数据到整体数据的抓取也使效果数据的准确度有了显著提升。

然而，高校广告教学往往止步于最终的投放和效果反馈，原有的实验室模式在数字化信息平台建设方面无法完全复制市场模式，大多数学校通过与互联网平台的合作协议部分提供给学生接触信息化数字平台的机会，但也往往因为项目的合规性、约束性难以保证在教学过程中持续地对全体学生实施有针对性的培养。

二、市场化项目合作的困难

市场化产品运营拟真化是高校广告学专业从实践到实战人才培养模式实训框架中极其重要的一部分，但其实际运作的确存在较大的困难。广告传播的市场化运作中，企业也常常希望与高等院校广告学专业形成合作关系，但由于广告运作涉及大量资金投入和使用，特别是广告媒介投放环节，需与媒介平台形成高额资金往来，而高校作为非营利性单位，与企业间的市场化项目合作在资金安全、资金使用的合理性等方面尚未有合适的、可通用的规范性流程和文件模板，因而容易出现瞻前顾后、难以开展的局面。

综上所述，技术变革下，广告人才培养需与市场环境和行业需求及时跟进、紧密对接。当今高校广告人才培养需要做到理论教学与实践教学两手都要硬。准确把握时代发展和技术发展脉搏，及时调整和创新教学方法和模式，传授给学生适于时代和行业的学习素养和实践能力，是大学课堂存在的根本意义。

对于大多数高校广告学专业而言，实战无疑是培养广告人才的必然选择，高校广告学专业一方面要利用自身资源和优势，丰富和完善广告理论教学和实训内容和形式；另一方面要借助各方力量，捋顺实训框架推进和完善过程中涉及的体制机制、工作流程、政策法规保障等诸多问题，打通实战中现实面临的困难和阻碍，真正从培养人才出发，有效缩短学生适应未来学习和工作的时间，有效助力学生未来学习和工作的需求，帮助学生真正提升专业认知和综合素养，切实推动广告教育的创新发展、培养综合型广告人才。

第六章　从企业到校园：校园文创产品开发设计在人才培养中的探索

近年来，国家总体战略布局层面对于科技创新和人才的重视程度不断提高，高校作为人才培养的前沿阵地和科技创新型人才的储备体系，更应该与时俱进，将培养符合社会要求的创新型、复合型、应用型人才作为重要目标。在国家总体战略与科技创新需求的引领下，高校必须以教育服务经济社会发展需求为导向，培养出符合时代要求的广告专业人才。培养广告专业人才要转变传统思维，树立新的观念，如产学研一体化、个性化培养、校企合作、服务社会等。前几年广告学专业的培养模式还是以理论教学型为主、实践应用型为辅。近年来各高校逐步加强应用型人才培养模式的转型，重视社会服务职能，以教育服务经济社会发展需求为导向。在人才培养模式改革中，尤其重视专业技能方面的训练，在实践中深入挖掘学生的潜能，以知识探索融合创造为前提，建立正确的教育观念和有效的发展路径。为社会培养出具有创新精神和创业能力的高素质广告专业人才，这对于高校广告人才培养来说既是挑战也是机遇。

随着 5G 时代的来临，“互联网+”和人工智能以及 VR 虚拟技术等为文创产业及其表现形式和商业模式带来了深刻的变革。高校广告学专业进行的文创产学研模式研究也随着时代的进步逐渐成熟，师生设计开发具有校园特色和情感的文创产品，不仅是对本校文化精神的传承锦上添花，而且对校园内文化产品商业模式的探索也是一个新起点。广告学专业教师可以分析和构建文化资源的文创产品开发策略，从文化资源的发掘与利用以及文化资源的设计与转化等方面，建立教学层面和实践层面的文创产品开发产学研模式，进一步探索校园文创产品的开发设计中应用型广告人才培养的路径。

第一节　广告人才培养模式的进一步创新

党的十九大报告曾提出“产教融合，校企合作”，这是培养应用型人才的核心理念，也是我国高校教育教学改革和人才资源开发与利用的基本保障。时代的进步与国家的富强都需要有新型人才相匹配。高校肩负着为社会培养高素质高水平人才的历史使命，培养出符合社会需要的应用型人才尤显重要。在智媒时代的大背景下，各大高校必须创新应用型人才的培养模式，在办学理念上克服一些陈旧的思维定式，加强专业课程建设和教育教学方法改革，合理规划应用型人才培养的路径，重视人才培养的每一个环节和每一项制度，注重个性化教学与教师队伍的建设，以提高学生综合素质和能力为己任。

一、校园文创产品的概念

文创产品即文化创意产品，是借助设计对区域文化资源、文化元素进行提升，并生产出具有高附加值、高设计感的产品。校园文创是区域文创设计研究的一个方向，校园文创产品将具有高校校园文化特色的元素进行提炼，充分运用于产品设计。设计中立足于校园与师生间的情感联系，通过对校园的符号文化、美学特征、人文精神、文化元素等进行新的诠释和重构，将校园文化元素与产品本身的创意相结合，形成创意产品。

目前，国内众多高校都开始设计生产各类有特色的、能充分体现校园风貌和人文精神的校园文创产品。校园文化生活日益增多，比如每年新生入学季、在校生开学季和毕业季、校友返校日、大学开放日、校庆等校内各种活动，以及国内外和校际间的各种交流活动等，使具有浓郁校园情的各类文创产品逐渐兴盛起来。校园文创产品作为校园文化的重要载体，不仅为促进和推广学校品牌形象提供了条件，而且也成为校园文化消费的热点。校园文化产学研的探索，对展现高校的个性与特点、提高学校师生的凝聚力以及传播高校核心价值观与教学理念有着重要的意义。

国外高校校园文创产品和品牌的创造已有多年历史，从产品定位、设计研发、产品生产与宣传销售，已形成了相对比较完整的产业链。很多产品集美学价值与使用价值于一体，成为师生和校友的首选品牌。这些产品在研发初期都是由校内设计专业的师生组建团队开发并设计的，特别在实践教学中，教师通常会选择校园文创产品设计作为毕业设计或创新创业的一个主要方向。

二、校园文创产品设计与人才培养的关系

在智媒时代的大背景下，高校肩负着为社会培养应用型人才的历史使命。在这一目标之下，以高校校园文创产品作为研究对象，以探究高校文创产品设计的文化内涵为出发点，将理论教学、设计美学和商业模式相结合的人才培养路径，有利于校园文化建设和人才培养的双赢。

第一，有利于校园文化建设。文创产品已逐渐成为校园文化传承的重要形式，高校文创产品开发设计的相关实践为校园文创的发展提供新的思路与途径。我们可以对国内外高校校园文创产品进行比较研究，分析共性特征和差异性，挖掘具有我国高校校园文创产品特点的文化与视觉元素，目的是使其核心价值得以体现，将情感因素、收藏价值与文化创意产品设计相结合。实践中，学生们运用跨学科交叉研究的思路和方法，挖掘文创产品设计的文化资源，通过具体的文创产品对高校校园文化特色进行提炼和升华。

第二，有利于人才培养。基于文化资源的文创产品开发的产学研一体化培养模式，能更好地解决教育教学中应用型人才培养方案中所遇到的难题。各高校可以基于其多年来丰富的文化资源积淀，在学科优势基础之上，进行文创产品设计与制作的产学研一体化教学与实践，便于应用型人才培养模式的转型。在教学层面，结合智能媒体技术，引入工作室团队合作制与互动式教学方法，不仅能够促进教学成果的转化、激发学生创新能力、提升教学效果，而且在实现人才培养目标中，还会有更大的提升空间。在实践层面，实践教学始终是高校人才培养的一个重要环节，文创产品开发的教学与实践是科学有效的方式，可以打破常规教学的局限性，比如，师生可以走出课堂或走出校园采用参与制作和营销、校企合作等方式。从每年大部分科研经费的使用情况来看，企业在新技术研发等方面的投入要远超学校投入的经费，再加上市场热点产品的迭代更新始终处于前沿地位，企业进行技术创新的速度也领先于科研机构，因此，技术创新需要优质的企业，高质量人才不能脱离应用型人才的培养模式。由此可见，这是一种多样化教学方式融合的表现，是对教学与育人环境的优化，进而满足社会和企业对科学研究成果转化为自身诉求的需要，也是为实现国家战略目标做出贡献。

因此，校园文创产品是一项不可或缺的、具有创造性的研究与实践。一方面，它能更好地提取校园文化素材，激发师生的热情和展现学生积极向上的精神，用产品来诠释自己对学校的爱，将学校历史文化和办学理念向全国推广；另一方面，近几年国际和国内院校对校园文创的经营模式与自身办学特色和历史文化的研究与探索的成功经验比较多，博物馆等文化场所商品经营模式的成绩，不仅能为各大高校提供宝贵的经验，使校园文化也能融入一种新的文化风气与和谐的社会环境中，而且可以结合实践教学，借助设计研发成本低的优势，更好地体现产学研的教学成果。这种立足于新媒体、营销学、品牌设计、平面设计等学科的综合视角，分析、探讨与创新设计思路，实现了高校广告学人才在文创产品开发中的培养价值，探寻出品牌企业和校园产品链接的新路径。

三、培养路径的探索

各高校应在发掘自身校园文化的基础上，分析和构建文创产品开发策略，从文化资源的发掘与利用以及文化资源的设计与转化等方面，建立教学层面和实践层面的文创产品开发产学研模式。校园文创产品将具有高校校园文化特色的元素进行提炼，充分运用于产品设计。设计中立足于学校与师生、学校与校友间的情感联系，通过对校园的符号文化、美学特征、人文精神、文化元素等进行新的诠释和重构，将校园文化元素与产品本身的创意相结合，形成创意产品。

文创产品可以结合校园文化特色进行设计与生产，创建新的校园文化资源设计转化方式。将地域文化、视觉符号、文化元素、人文精神、审美原则与校园文创产品的创意相结合，各种产品的具体式样尽显校园文化的传承，也是对价值观的认同与传播，更是与时代发展的契合。对于文创产品来说，成功的设计应具备优秀的文化价值，文化资源转化为产品可以有几种方式：视觉化——用图形化和符号化的方式进行转化；产品化——将文化元素与思想观念进行产品创意设计与开发；独特性和创新性——依托高校的校园文化特色，依托学校所在城市的发展建设特点。

第二节　成立校园文创产品产学研工作室

一、成立文创工作室的目的

“工作室”的概念源于“作坊”，现代设计教育的发展始终传承着20世纪初德国包豪斯的设计教育理念，作坊就始于包豪斯学院，我们所说的工作室就是由作坊演变而来的，它体现着集教学、科研、实践于一体的现代教育模式。这种教育体系所培养出的具有较高艺术理论素养且具备高水平实践技能的复合型人才才是社会所需要的应用型人才。所以，以工作室为实践平台的人才培养模式，通常是以具有现实意义的实践项目作为载体，在企业技术专家和学校指导教师的共同带领下，学生通过调查、研究、实操、思考等方式参与设计与生产，从而获得专业技能和职业素养。研究理论为实践提供支持，实践使研究的理论得到验证，这正是提高素质教育有效性的切实可行的方法和模式。学生也能终身受益于这种培养模式，在各级各类竞赛与校内外实习工作中，具备较强的竞争力。如果我们的学校教育跟不上社会的进步与发展，不能满足市场的需求，空谈培养模式，那么面对层出不穷的高新技术、不断变革的媒体环境，高校培养的广告专业人才将很难适应社会发展的需要。

广告学专业有着较强的广告设计团队，成立“文创工作室”也是大势所趋。一方面，工作室可以发挥专业优势和特色，激发高校大学生的创作热情，积累设计经验。另一方面，整合学校文化资源，工作室的指导教师可以协助学生了解学校历史与文化，为学生提供技术帮助，协调解决在搜集信息、服务平台与渠道沟通等方面面临的问题，尤其是为有设计兴趣和爱好的学生提供资金支持与创业机会。

二、实现教、学、研、产模式一体化

校园文创设计将成为广告学专业设计方向相关课程实践教学成果转化的新方式。在教学中，不仅可以组建教学团队，而且还能构建开放式的校企合作，多学科协作的多维、动态的产学研模式。高校可以依托广告学专业，创建以理论教学为核心，融合设计指导、产品研发、商业模式的教、学、研、产模式：以教学为主构建教学内容，以文创产品设计为切入点，增强学生对

文化资源的挖掘和设计能力，将理论知识应用于实践；引入小组负责制，培养团队合作精神，将被动接受知识的方式转变为主动参与，实现“研中教，教中学，学中做”。

高校广告学专业在课程设置方案中应逐步融入产业化概念，使这一人才培养模式的核心价值得到充分的体现。根据产业链打造部分广告学专业课程，以配合在大一施行通识教育让学生自主选择专业，大二、大三、大四明确职业方向的人才培养模式。学生从大二开始便进入实践教学平台学习，其学习方式、学习内容都与未来职业需求紧密相连。今后，高校还可以尝试把校园优势资源向社会开放，真正实现校企间、高校间等深层次合作，为推动学校品牌影响力和文化竞争力做出努力。

在媒介不断发展、市场不断变化的今天，若只把课堂实践作为广告学人才培养的主要实践环节，会出现诸多问题，比如，与社会实际脱节、大部分学生仍然对设计的目的与预期目标不明确、对产品制作流程与销售仍存在很多不确定性、对设计审美要求与受众喜好的契合还需要长时间的实践摸索，等等。针对这些问题，高校应该大胆探索，做出进一步的努力和尝试，以工作室的形式，指导学生运用设计方法和手段充分表达出自己的设计想法，与此同时，师生积极互动，教师不仅参与设计草图、定稿的指导，而且参与从选材、生产加工到销售等实际生产活动的各个环节的指导。这些实践活动可以利用校内资源与线上服务平台，贴近校园文化生活，围绕师生展开一系列的服务。比如，借助校园内超市、文具店及各种学校学院学生会等不定期活动场所，借鉴国内外高校成功的校园文创营销经验，在教学、科研和社会服务等方面完善属于高校的多样化一体化教学体系。

三、高校文创工作室发展模式初探

广告学专业文创工作室的建设要顺应我国重视文创产业发展的大趋势，校园文创产业稳步发展要依托我国文化产业政策，依靠高校本身的扶持。不仅在政策方面，而且从管理层面上也要逐步完善，积累宝贵的经验，在未来几年甚至几十年将校园文创做好做强。

文创工作室的初创和未来的发展壮大都离不开师生的共同努力。高校探索其发展模式也是希望能更好地为学生提供新的大学生创新创业实践基地。工作室应当引入开放的、实践性强的教学模式，通过工作室文创设计项目的运行，相关专业的师生共同参与，不仅能提高教学效果的有效性，而且能促进教师自身技能的不断发展，真正打造出一个产学研一体化、既有实际价值又有长期发展可能的工作室。

不仅如此，在未来，高校还可以尝试进行校企联盟、校校联盟、师生联盟等合作发展模式，融合线上线下开启工作室制教学模式的新形式。

（一）高校文创工作室架构分析

高校文创工作室在规模上可能并不大，但其内部机构设置应当完整、有序。高校文创工作室不是形式上的组织，而是真实的运营机构，高校应着力规范其组织架构，形成固定、完整的体系，以便后续工作的展开与经验的总结。首都经济贸易大学积极投身于广告人才培养模式路径的探究当中，与时俱进，寻求智媒时代背景下培养应用型人才的道路。我们以首都经济贸易大学为例，分析其文创工作室的发展。

工作室以开展各类设计竞赛与教学改革项目为依托，也承接校内宣传与活动的文创产品与策划方案的设计，着眼于短期目标与长期战略规划相结合的发展模式，展开以个性需求为原则的校园特色文化服务。

该校园文创工作室实行广告系系主任负责制，系主任指导工作室发展方向及制定管理制度；工作室的工作任务主要涉及工作室宣传、财务经费管理、业务项目管理与工作室人员管理等几个方面，参与管理的人员由广告系教师与学生骨干组成；工作室指导教师团队覆盖该校广告学专业所有教师，教师的专业研究方向涵盖了产业链的各个环节；学生作为产品的设计者，要经过比较严格的筛选，工作室的学生成员由有设计经验和天赋的广告系在校生以及其他学院有设计才能的学生组成（如图 6-1 所示）。

（二）高校文创工作室优势分析

既然是立足于学校，那么工作室初创期发展方向与理念、设计定位、市场定位都应该以本校校园文化精神的传承与发展为原则，以学校历史文化、办学理念为依托。工作室虽然以教师为主导，教师承担主要的管理任务，但学生依然是创业主体。高校最大的优势就是可以充分利用丰富的校内资源，如高校有稳定的校内消费群体、良好的商业环境，且服务对象定位在校内师生，非常易于统一管理，而且设计主题只要贴合师生的需求就会有很好的经济收益。此外，因为产品大部分都是师生的刚需，所以个性化的系列作品很容易受到青睐。工作室设计主要成员来自学生，与校外的设计公司相比，更具有设计成本较低、产品性价比高的竞争优势，所以拥有价廉物美的校园文化品牌的商品很容易打开市场（如图 6-2 所示）。

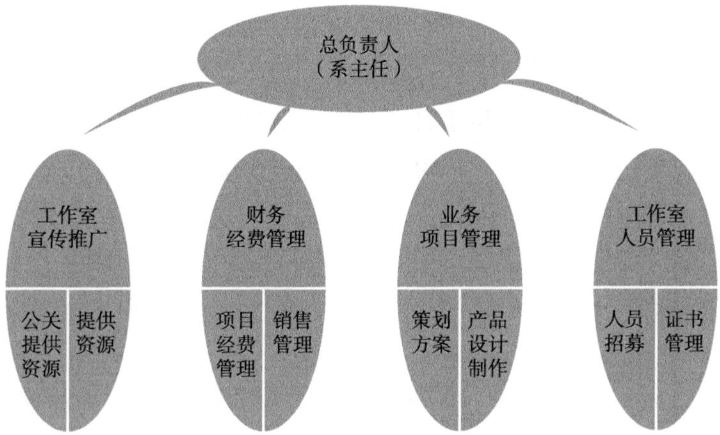

图 6-1　文创工作室组织架构

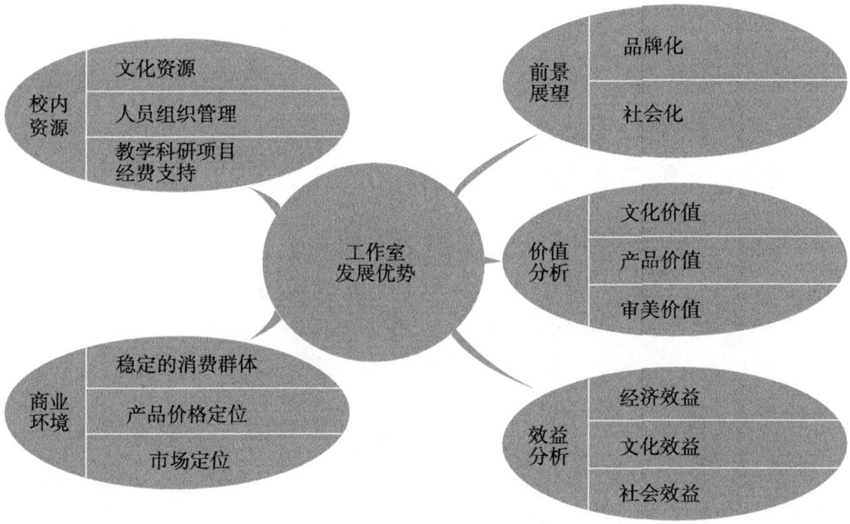

图 6-2　工作室发展优势分析

第三节　基于校园文化资源的产品设计

一、文创产品创意化设计

国内高校的文化创意产品设计应本着以诉求为导向的基本原则，设计点要触及消费者最切实的需求，尽可能避免目前文创产品市场中缺少创意设计的状况。高校文创产品设计方面，教师指导学生在市场调研的基础上搜集诉求，进行校园文化素材提炼，进行创意设计和制作。高校的文创产品在设计上应当注重表现形式的多样性，着重思考能否给消费者崭新的视觉体验，突出设计者对校园文化与设计品位关系的理解，以及师生认同感和促进校园文化建设等方面的思考。因此，校园文创产品既是校园文化品牌传播的载体，也是学校间文化竞争的重要体现。为了更好地传播校园文化，高校可以先以校园景色、建筑、美食、标志、所在城市特色文化等作为视觉元素，而后再融入校园竞赛品牌、名师、优秀校友和学生的形象等作为创意表现要素，采用平面设计的形式，结合电脑图文或手绘方式延伸多种衍生品。产品类型以收藏品类、学习文具类、生活用品类为主，比如书立、书签、笔记本、签字笔、尺子、书包等学习用具，以及咖啡杯、保温杯、运动水壶、文化衫、钥匙链、购物袋、首饰等生活用品（如图 6-3 所示）。

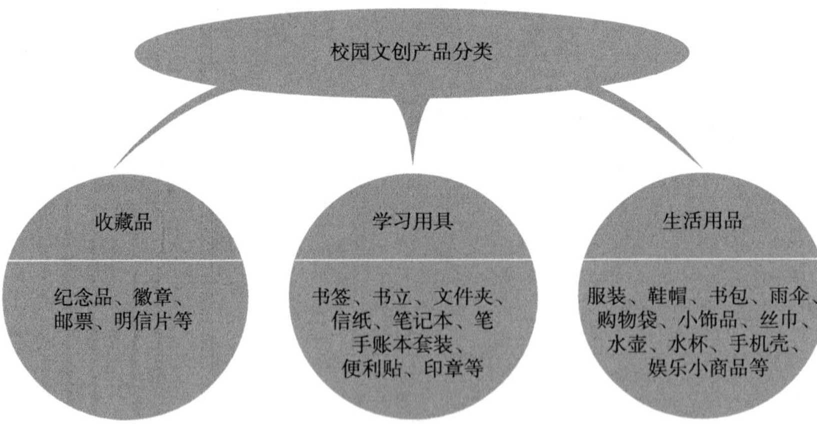

图 6-3　校园文创产品分类

学生在进行文创产品设计时，不仅要体现产品创意所产生的精神价值，而且其本身的实用价值与商业价值也是产品宣传推广不可或缺的重要因素。高校师生共同将中国精神与学校精神内涵转化为师生青睐的各种商品，使这些商品具备性价比高、需求量大、受众人群定位精准、以校园文化品位引导消费等诸多优势，最终成为校内超市、文具店、打印店、礼品店的主流产品。

（一）产学研一体化理念中的设计思路

校园文创产品设计符合产学研相结合的教学理念，顺应实践与理论教育教学的发展趋势。如今，对于广告人才的培养不仅要注重对学生专业知识与技能的考查，而且还要关注学生创造能力与可持续发展能力的提升。综合学生未来就业的需求和方向等问题，进一步促进学生职业素养的提升以适应社会发展的需要。

校园文创产品开发设计是一所大学文化精神的外在表现，是潜藏高校精神元素及传承和发展校园文化的物质载体。从广义上来说，它可以融合能够体现中国文化精神的视觉元素，这也是中国文化创意产业发展的要求。深入研究校园文创产品开发设计的民族文化精髓，梳理文化元素的目的是更准确地把握高校文创产品开发设计的思想内涵。设计者需要构建独特的设计理念，不断创新设计方法，才能满足师生不断增长的文化需求。文创产品设计的核心主要通过文化创意和产品的使用价值来体现。

在设计中将考查学生的感知能力、记忆能力、思维能力、联想与想象能力及表现力等。在这个过程中，学生对校园文化资源的理解经过分析处理和设计制作，将大学生认知中的经验和记忆转化成对校园文化所产生的情感共鸣，增强学生个体与学校的情感联系，从而构建他们的校园文化认同感。

以首都经济贸易大学文创工作室的作品为例（如图6-4所示），这是一件以校徽与校训为基本元素的文创设计作品。作品将书签形式与学校对学子的殷切希望融合在一起。每当师生在看书时读到这几句校训，都能使师生深感学校对学生的美好期待，使学生领悟到学校的文化精神。

校园文创设计是一项受思想支配的有创造性的活动，更应该注重作品的创意表现。为了实现构建大学生校园文化认同感的教学目标，在创意中要以展现校园文化底蕴和专业特色为基础，发挥自身的文化资源优势，工作室应坚定不移地以秉承学校的办学理念为准则，创造适合高校师生且有一定教育意义的特色产品。

图 6-4　学生设计的书签作品

（二）思维创意设计的表现

文创产品设计是依据某一种文化中的要素进行的设计，设计的关键点在于如何将这些文化元素运用到产品中，更好地体现产品的创意思维。这种具有创造性的设计不是对文化元素的简单复制，而是要依赖设计者的想象与灵感对已有文化资源进行提升，并将创意思维贯穿整个设计过程。校园精神给校园文创设计提供了生命力和文化底蕴，校园内的创意设计得到了师生对学校的认同，这种认同是长期积淀的结果，代表着学校的思想内涵。种类丰富的文创产品形成了一道独特的校园风景，不仅融入校园生活和学习的很多角落，给学校带来经济效益，还能借以将学校精神发扬光大。

校园文创产品设计的历史由来已久，各高校的文创产品也有自己的文化烙印和时代感。然而很多商品只是在传达某种纪念意义，比如水晶摆件、校园风光明信片等，虽然传递着对校园生活的怀念，但却缺少实用性且无法满足新时代的审美需求。随着社会的发展，校园商品也需要注入更多的新元素和时代精神，因此，在创意设计中要不断地进行思维创新，利用校园平台，实现艺术、创意和商业的融合，打造出具有创造性的校园特色商品，找到一条适合本校的文创设计发展之路。

从创意表现上来看，高校文创设计在文创产品形态的构建方面也应该形成自己特有的方式，不仅形式多样，而且具有一定的文化艺术价值。在设计产品时，首先考虑的是产品诉求与校园文化元素的结合，再通过学生的创造，把创意与人的智慧、审美与文化相融合。这是对现有文化资源进行加工提炼的过程，提升的是产品的文化艺术附加值。比如，大多数高校都有自己代表性的校园建筑，以首都经济贸易大学为例，在学校的建筑中，图书馆、三食堂、体育馆、教学楼、操场等都是可供校园文创产品设计的特色标志性建筑，堪称经典素材。学生可从中提取概括性设计元素，将建筑与雕塑轮廓、主要建筑结构结合生机勃勃的植物来进行展现。作品很容易在视觉上产生表现力强、造型特征突出等特点。由此可见，借助恰当的表现形式可以为文创设计增强表达意义，增添丰富的视觉美感。

以工作室学生手机壳作品为例（如图 6-5 所示），这组作品以学校专属色“经贸红”作为主要色彩元素，结合校园内标志性建筑与雕塑——纪念柱、骆驼雕塑、琢玉讲堂为造型元素，配以祥云、植物等中国风元素，风格简约，同时也体现了首都经济贸易大学的校园特色。

此外，随着科学技术的进步，思维创意与新技术的结合也成为一种设计创新的趋势。近些年，采用计算机软件辅助设计的应用范围越来越广，这对拓宽校园文创产品设计的思路也有很大帮助。

图 6-5　学生设计的手机壳作品

二、文创产品个性化设计

随着时代的发展，受众对物质的需求总在不断的变化中，传统与现代化的审美需求始终在交替进行，单一的形式早已无法满足消费者的需求，因此个性化和私人定制将是文创产品的发展趋势，而校园文创正是个性和情感的体现。高校文创产品在设计中应该充分发挥学生的创意能力，依靠学生的创作能力来研发产品。根据师生的需求，可以尝试打造一些专属产品，使设计具有一定自主性，使师生在消费的同时也能参与到设计创意中来，让交易过程充满惊喜和趣味性。比如，在校内为了增加师生在教学上、学习上、生活上的仪式感，制作年历、手账本套装、印章、便利贴、书签、丝巾、手机壳等产品，用具有亲近感的手绘形式与校园文化相结合，在实现视觉传达的同时触及师生的校园情结。

以首都经济贸易大学文创工作室同学的作品为例（如图 6-6 所示），除运用了建筑等文化元素外，还使用了曦池等校内小型景观，此外，由于学校坐落于花乡，自建校以来校园始终保持着各种植物风格各异、树木葱茏、鲜花争艳的特色。设计中，把自然景观与人文景观相组合，触动师生对学校的眷恋与热爱。学生可以在花卉的设计与景观设计中按照自己的需求随机组合，在各类生活用品设计上把设计的亮点充分展现出来。

图 6-6　学生设计的手机壳和靠垫作品

三、文创产品品牌化设计

校园文创产品的创新设计开发是对高校品牌和特色文化的推广，其提升的是高校的品牌形象识别性和文化魅力，打造的是独特的校园文化品牌，唤起的是师生的校园文化情怀、自豪感、归属感和凝聚力。作为物质载体的文创产品对于高校传播价值与提升声誉具有重要的意义。由于校园品牌文化以高校精神文化作为依托，能充分展现学校办学理念，凸显学校专业特色，因此文创产品设计与制作越来越受到学校的重视。

（一）有效传播校园文化

校园文创产品品牌化可以有效传递校园的精神文化内涵，它是高校价值观的集中体现。文创产品品牌化实现了从精神到物质的转变，主要在校园内与校际间进行传播，将文化内涵通过视觉方式进行加工和提炼，从而让校园文化特色深入人心。校园文创产品品牌化设计可以反映出学校的思想内涵、办学理念和师生学习生活的环境。在品牌化设计的过程中，设计理念可以通过校训、校徽、校园主题语等体现，也可以通过校园物质文化中的视觉要素，如标志、专属色等视觉识别符号，结合图案设计、图形创意设计、构成设计、印刷制作、产品使用材料等来表现。

此外，文创设计作品可以进行展示和宣传，通过校园官网、社交平台等媒介面向校内和社会进行宣传和推广。由于高校具备特殊的资源优势，也可以利用校园丰富的师生资源和社会平台，在品牌化的基础上不断研发、生产形成迭代的创意产品。

（二）不断提升品牌价值

校园文创产品品牌化可以为学校树立良好的社会形象，通过具有独特校园面貌的视觉元素、特色专业、特色产品，来表达高校的价值观念、良好的学术氛围、生机勃勃的文化气息等，从而不断提升学校的品牌价值。

每所学校都有自己特定的历史文化、办学理念和人文情怀，而这些情感诉求能通过文创产品的不断开发与创新以及专业化设计一直传承和延续下去。一个受欢迎的文创产品，能够产生情感共鸣。品牌化的文创产品不仅具有时代意义，而且兼具设计价值，因此为了更好地提升高校文创工作室的品牌价值，还需要继续开发和投入更多的资源，提升高校的文化软实力。文创产品设计的成功，品牌价值尤为重要，除了实用价值、纪念价值之外，还要体现商业价值，充分把握师生心理和校园市场潮流，为日后校际间传播与品牌社会化打下好的基础。高校还可以利用文化创意的优势，使校园品牌逐步发展成为社会文化品牌，实现由校园文创到社会文创的延伸，成为服务于社会的文创品牌。

第四节　校园文创产品商业模式初探

21世纪中国迎来品质消费的时代，文创产品在文化消费中所占的比重呈现逐年增长的趋势。当前正处于消费的转型期，分析校园内消费人群的心理动因与消费行为等因素对研究文创产品商业模式有很大的作用。

高校文创产品的主要消费人群是在校师生。在校生中大多为“90后”“00后”，正是文化消费的主流人群，他们的消费观念和消费模式与“70后”和“80后”有很大的不同，非常注重产品的品质、品位与原创性。他们具有独立的思想和个性，有着爱玩、爱秀、爱分享的生活态度。他们的审美观、消费意识也在影响着校内的商业环境，且随着爱国爱校热情的不断升温，带有文化元素的产品也会越来越受到他们的喜爱。不仅如此，他们对文化产品品牌与文化审美有着与众不同的需求，消费热点更新的速度之快对校园文创产品的营销也是很大的挑战。为了迎合这类人群的需要，高校文创工作室必须生产出具有独特造型的精美产品。

由此来看，各高校文创产品的市场潜力巨大，校园文创产品的营销推广需要有适合的商业模式。以开设实体店面或网店的形式，不定期举办线上线下宣传活动及选择商业合作伙伴、协商合作等形式，最终打造出高校校园文创品牌的专属商业模式。首先，在产品设计上强调创意设计灵感与产品实用性相结合；其次，根据消费人群与售卖地点制定不同的营销策略，进行市场定位，目的是吸引受众从而激发其购买欲望；最后，校园文创产品的营销推广借助校园稳定的消费群体、产品价格定位等优势，进一步分析潜在客户和持续释放消费需求潜力（如图6-7所示）。

在国家推动消费政策的影响下，高校文创产品在营销推广中依据校内需求展开线上线下结合的宣传活动，校内校外、线上线下的联动，为实现校园文创产品消费市场保持长期平稳向好的发展态势提供了保障。

一、校内营销

高校文创产品的主要消费群体是在校师生。实体店销售是目前各大高校文创产品主要的销售方式，前期为打造品牌形象，产品宣传中配合海报设计

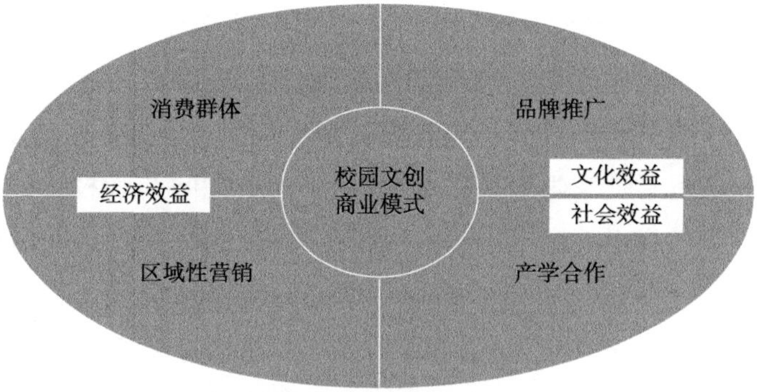

图 6-7　校园文创商业模式

等形式，可选择在校园超市、文具店等实体的销售点进行推广；此外，在人流量比较大的场所（如食堂门前的广场、学生活动中心等）不定期地发放宣传单或免费发放试用产品以提高校内受众覆盖率。因为对高校来说，通过特色的文创产品可以在学生心中树立良好的学校形象和学生校园文化建设的参与意识，共创未来的发展前景非常值得期待。

（一）产品定位

对于校园文创设计的产品定位，首先应考虑校内可售产品均是学生经济能力可以承受范围内的商品，为了降低消费门槛，产品类型往往集中在小件学习与生活用品上，以求价廉物美。其次，这些产品作为弘扬中国传统文化精神与传播教育教学理念的重要载体，应把创意与美学思想潜移默化地渗透到学生对艺术审美的追求上。除此之外，产品设计和生产要紧跟时代潮流、社会热点，充分发挥高校文创工作室从设计到产品制作“短平快”的特点，以校园动态和学校发展趋势为基础，以社会热点为背景，以年轻人喜欢的形象和流行语等为载体，充分发掘校园文创产品的潜力。

（二）营销推广时间点

文创产品的推广不同于社会上的其他商品，推广时间点的选择比较特殊。由于校园文化生活日益增多，因此每学期内值得关注的时间节点十分丰富，如新生入学季、在校生开学季、毕业季、考试周、校友返校日、大学开放日、校庆日、运动会、竞赛、音乐会、年会等。在此期间推出相应的营销活动，既可以提升校园品牌文化的魅力，也可以唤起师生的自豪感以及对校园生活的点滴回忆。比如，运动会期间可以设计一些能弘扬体育精神、促进大学生身心健康发展且与运动会主题有关的文创产品：文化衫、护腕护膝、棒球帽、帆布袋、运动水杯、钥匙链、毛巾、消毒纸巾以及带有运动元素的文身贴、便利贴等。这些鲜活的元素能够带给运动员积极进取的精神以及阳光的热情与活力，不仅活跃了会场氛围，更重要的是增加了师生共同奋斗的凝聚力。

以首都经济贸易大学学生在祖国70周年国庆期间为学校主题活动创作的作品《我和我的祖国共奋进》为例（如图6-8所示），作品在时间点的把握和视觉元素的运用上做了很好的结合。学生运用了文字创意表现的手法，因为笔形笔势的变化是设计创意的灵魂所在，所以通过笔画的走势与图形的结合彰显出设计者的审美观和创作理念，进而把校徽中的骆驼精神与中国文化精神相结合。

图6-8　学生设计的文化衫和帽子

（三）根据消费倾向制定营销策略

以往校园文创产品主要是收藏类的纪念品和小件艺术品，近年来学生更加偏爱实用性的产品，尤其是学习用具类、生活用品类产品。美观性强、创意性强的产品更是受到学生们的喜爱，环保材料的产品购买量也占据主导地位。由此可见，根据消费热点制定适当的产品策略、定价策略及促销策略来进行产品销售也是一种有效的营销手段。比如，高校每年有两个开学季，对于结束长假刚刚回到校园的学生来说，校内学习和生活都要经历短暂的适应期。学习用具和生活用品的促销活动是刺激学生购买的一种策略，购买了有创意的文创产品可以使学生带着对校园生活的美好期待更快地适应新的生活，积极乐观地走进校园走进课堂。

二、线上营销

互联网时代，网络营销已成为产品营销推广的主要方式，实行线上营销需要多种有效手段进行配合，才能完成预定目标。可以通过校园网、微信公众号、微信群、QQ 群、微博、自媒体、校内论坛等平台进行文创产品的推广，高校还可以尝试利用线上销售的方式来扩展校园文创产品的宣传力度。比如，运用师生善于写作的优势，使用软文进行推广，文章写得越精彩越容易得到消费者的信赖；利用传统而经典的 QQ 群营销最大的优点是能够保持实时互动，只有赢得消费者的信任和对产品的认同，才能获得对产品的持久关注；不仅如此，工作室还可以联合学校宣传部、学生会、校团委等学校组织，在其公众号、微博等平台发布校园文创产品信息，让更多师生了解校园文创的相关信息，扩大宣传信息的覆盖面，提高产品的曝光率。不仅为校园文化品牌树立良好口碑，还为文创产品带来更多流量，多种营销手段相结合所带来的品牌效益才是最大化的。

三、校企合作

在高校生活中，可穿戴的服饰类文创产品是最吸引师生购买的主要商品之一，它是展现高校形象的重要载体，也可以称其为“走动的校园文化”。服饰类文创产品通常包括帽子、文化衫、卫衣、手套、围巾、运动套装等。其一般具备实用性和文化性双重属性。国内外高校都在尝试创办属于自己校园的服饰店，从最初宿舍内的小店发展到品牌化经营。服饰类文创产品在设计上有很多优势，它能将视觉设计完整性集中体现在消费者与校园文化的结合上。这类商品可以带动校园文化的趣味传播，可以成为维系院系、社团、学生会、校友会之间情感的纽带，成为引导师生形成凝聚力的有效手段。

未来可以尝试与国内一些知名品牌生产商建立合作关系，联合生产服装、日用品、鞋帽、学习用具、徽章、纪念品等实用性产品。一方面，企业借助校园文化和校园空间，打造出真正属于学生的地域性特色产品，获得校内师生及社会人士的认可，从而提升在校大学生对品牌的喜爱度和认可度；另一方面，高校借助知名品牌的生产、运输、管理等经验，进一步推动校园文创的发展，完善营销模式。

第五节　校园文创工作室存在的问题及对策探究

探索高校校园文创产品设计开发与制作的产学研一体化教学模式，对应用型人才的培养有着非常重要的意义。新路径在探索过程中既有收获也有困难，对存在问题进行及时的分析研究并找到应对的策略，才能为高校文创产业的未来发展储备人才，使工作室的建设稳步向前。比如，由于对产品定位不够精准，且缺乏品牌概念，大多数文创产品并不能充分展现出高校独有的品牌文化，社会影响力较小。而且与国外高校文创产品相比种类单一，产品形式与内容同质化严重，缺乏设计创新，销量比较好的文化衫、U盘、书签、明信片、文具等产品仍然缺乏创意设计。对校园文化元素的运用仅停留在对校训、校徽等做一些简单印刷的层面；有效传播不够充分，营销方面缺乏系统规范的管理，尤其是在校企合作方面还有更大的发展空间值得我们去探索。

一、解决品牌意识薄弱的问题

高校现有文创产品定位存在很大局限性，缺乏创新精神，没有打造出专属的文化品牌是普遍存在的问题，因此，实现文创产品开发的可持续性发展还有很长的路要走。从这个角度来看，品牌意识薄弱是一个急需解决的问题。一个原因是校内文创市场环境不够成熟，另一个原因是宣传力度不够造成师生缺乏统一的品牌价值观。所以出现了只注重产品本身而不注重品牌的现象，很容易导致产品同质化严重等一系列问题。

为了能打造出高校师生普遍认同的品牌价值观，需要考虑如何在校园文化和师生需求之间找到平衡点，使品牌文化与师生建立情感联系，让每一个消费者通过对本校文创品牌的感知，获得对校内生活方式的认可与价值理念的提升，从而实现教育教学与文化传播共赢的新局面。具体来说，在树立品牌意识的前期，可以借助高校学生熟知的具有很强传播性的品牌符号（如学校校徽与专属颜色等）和品牌宣传语（如学校校训）让品牌传播达到事半功倍的效果。此外，在品牌传播中还要培养学生的服务意识，将品牌做精做强。

二、加强美观性、实用性与创意性相结合

创意是设计的灵魂，缺少创意的作品如同一朵花失去了生命的活力。当前高校部分商品中主要存在的问题就是纪念性强于创意的表现，大部分设计缺乏创意的美感。设计者没有围绕消费者心理和受众的偏好精准定位产品，所以培养广告学人才把握好设计点是一个亟待解决的问题。让受众获得更好的产品体验，在色彩元素、图形元素、包装设计上多下功夫，把美观性、实用性与创意相结合，设计出性价比高的文创产品。

在产品设计创意表现中，校徽与元素的滥用也是缺乏美学意识的一种体现。比如，在很多高校的文创产品中我们都会见到校徽元素和学校英文字母缩写，似乎有了这些元素以后，设计就完成了。这种设计虽然简约，但标志性元素被千篇一律地泛用带来的却是视觉的疲劳与无趣。形象要素与产品属性缺少结合，表现形式缺乏创新，最终导致经典素材失去艺术感染力。因此，在提取和运用校园文化元素时，要整体考虑其实用价值和审美价值，将对历史的、文化的、社会的、艺术的思考融合意识形态观念、学校文化资源与产品创意等。

三、改变产品形式单一的现状

由于国内高校大多没有实现校园文创产品产业化发展，因此现有文创产品形式比较单一，仅有毕业纪念品、学习用具和生活用品等有限品种，而且很多产品多年来一直没有变化，严重缺乏创新的设计。即使印上学校标志和校徽校训等内容，也因缺乏设计感和趣味性而给消费者造成视觉审美疲劳，最终导致消费者对购买校园文创产品失去兴趣。而事实上，校园文创工作室应该不断创新出更有仪式感和文化内涵的产品，吸引师生购买，使校园文化元素不仅活跃在校园的各个角落，而且也成为能带回家的有形记忆产品，弘扬校园文化。

要改变这种现状，首先，在形式上应该把借鉴国内外成功经验作为学习的主要方法，再融合本校特有的文化资源，建立一个有一定规模的校内文创店。以实践教学为中心、以文创工作室为平台开展校园文创设计竞赛，把师生的奇思妙想与优秀的设计方案用于日后产品的更新换代。其次，在教学中根据新的消费倾向，融合并重新提炼学校元素进行设计、改造和创新产品形

式也是解决校园文创工作室产品形式单一问题的有力手段。最后，还可以借助高校所在地域的文化资源，将校园特色与城市特色元素相结合，来丰富文创产品类型。

四、完善文创产品品牌的授权意识

国内高校以文创产品为依托的产学合作办学模式的发展刚刚起步，与国外高校还存在很大差距。由于品牌意识薄弱，营销模式仅有以校内营销为主的自主经营，还没有品牌授权等其他形式的合作。目前，各高校校内已有的文创产品的生产与制作都还停留在小企业小作坊的代工层面，为了降低成本，产品做工和材质都很难得到保障。文创产品品牌授权可以解决这一问题，使文创产品的开发与制作进入一个规范的良性发展的阶段。经过授权的产品不仅可以实现专业化的创意设计，而且产品质量也能得到保障，从而更好地提升高校校园文化内涵。

近几年，各大博物馆品牌授权经营模式如火如荼、蓬勃发展，各种文化衍生品层出不穷，不仅让中国文化更接地气，走出了亲民路线，而且给各个销售平台增加了惊人的销量。与博物馆相比，国内高校文创品牌的发展相对比较滞后，寻求跨界合作面临的挑战会更多。比如，可以通过品牌授权的方式与知名品牌合作，将校园文化资源转化成高品质的文创产品。但还需注意的是，合作模式与随之带来的经济效益、文化效益与社会效益的评价体系仍不够健全，因此，在未来还需要更多的时间来探索更优化的模式。

综上所述，基于当前高校文创产品的发展现状，对依托校园文创产品对广告学专业人才进行培养的模式的未来发展做出进一步展望。具体体现在以下几个方面：第一，校园文创产品立足于校园文化，同时可以推动校园文化的发展。毫无疑问的是，校园文创产品是传播高校校园文化的有效载体，以校园历史、景观、建筑、校训、名师、校友等作为视觉元素，延伸出不同种类的衍生品，如文具、电子产品、生活用品、四季服装、小饰品等，集实用性、艺术性、商业性、创新性于一体，体现师生认同感，提升校园文化品位，加快校园文化建设。第二，满足广大师生和校友的需求。校园文创产品反映出学校和受众群体共同的情感诉求，选择恰当的文化载体来强化高校的品牌形象，不仅具有可持续发展的市场潜力，而且能更好地满足消费者的个性化需求。需要注意的是，为了不局限于单一的传统传播形式，文创设计应符合时代的审美需要。第三，设计团队在实践中可以不断丰富知识储备、拓宽视野，进一步发掘消费者的潜在需求，及时把握市场动向。第四，对高校的人才培养、价值观念、校园文化等各方面进行综合梳理，找到高校的核心竞争力，创造独特的、有价值的、可持续性的高校品牌。第五，通过文创产品的设计、生产、宣传和销售，切实锻炼广告学专业学生的创新创造、统筹安排、广告策划能力，向培养应用型广告人才的目标更近了一步。

第七章 从内容到技术：虚拟仿真实验教学项目在人才培养中的实践

随着智媒时代的到来，新媒体技术进入课堂已经成为当代教学研究的热点问题，虚拟仿真技术在多个教育领域已取得显著成就，但广告学专业对其应用尚不充分。与媒介技术息息相关的特性使得广告学总是走在智能媒体发展的前列，5G、云计算、元宇宙等新概念不断涌入，科技的进步推进着广告行业不断向前，也推进着广告学教育的不断发展。在数字化技术逐渐普及的今天，广告不再是传统意义上的绘图、撰写文案、活动策划，而是变得无处不在、“无所不能”。在“万物皆媒”的背景下，广告人才培养必须不断精进，才能真正为社会提供跟得上时代变迁步伐的应用型人才。

虚拟仿真实验室是数字媒体技术不断发展的产物，高校应该抓住技术发展的机遇，积极探索智媒时代背景下广告人才培养从内容到技术的变革路径。相较于其他学科，广告是一门应用性极强的学科，这一特点也为广告人才培养过程提出了较高的要求：广告人才不仅要做到理论扎实、知识面广，还应该具备与时俱进、实战能力强的特点。随着媒介的变化，广告从制作投放到效果测评已经几乎全面数字化，这也说明传统的书本课堂的人才培养模式已经很难适应市场的要求，因此在人才培养模式中增加技术环节已经成为当务之急。《国家中长期教育改革和发展规划纲要（2010—2020 年）》中明确提出建设“虚拟实验室”的规划，在国家层面，虚拟实验室已经成为未来实验室建设的重要发展方向。在实际落地方面，高校应该以此为契机，加快虚拟仿真实验室的建设和应用，积极探索“从内容到技术”的应用型广告人才培养路径。

第一节　广告虚拟仿真实验教学项目建设背景

1989 年，虚拟实验室（virtual laboratory）的概念被曾任美国国家工程院院长、中国工程院外籍院士的沃尔夫（William Wulf）教授提出，其最初目的是为不同地域的科研工作人员搭建一个统一的工作平台，以方便不同实验室的科技人员远程协作。1995 年，联合国教科文组织将虚拟实验室定义为“为了实现远程协作、实验研究和其他创新活动，通过分布式信息和通信技术产生并发布结果的电子工作室”。而随着科技的发展，虚拟现实（VR）、5G 网络不断发展迭代，虚拟仿真实验室也不断发展，其成本低、交互性强、安全性高等优势也不断显现。

由于广告制作费用高昂，广告作品发布受到媒体环境等方面的制约，实际学习过程中学生的广告设计作品很难在现实生活中完成真实发布，这导致学生的设计只能止步于课堂或电脑前，学生无法在各种传播媒介中观察广告设计效果并进行广告效果评价。这使得广告人才培养步骤实际上没有完全完成。而利用虚拟仿真 VR 技术，可以通过对多种应用场景（户外楼宇广告、地铁广告、公交广告、电梯广告等）的真实模拟，使设计者通过多种真实场景的切身体验，对广告应用场景的空间尺度、环境氛围、色彩渲染、灯光环境、观赏角度、移动速度等有更加切身的感受；通过设计作品的置入，实现对各种广告投放效果的体验，使学生对广告设计的理论知识理解得更加透彻深入；通过作品的虚拟真实展示，了解广告效果评价的方法和路径。

第二节　广告虚拟仿真实验教学项目建设目的

就广告人才培养而言，虚拟仿真实验室探索的重点应该在以下几个方面：培养学生创新思维能力、提升学生广告设计水平、训练学生广告评价能力、促进学生人文素养提升。

一、培养学生创新思维能力

通过各种多元场景的迁移，鼓励学生创造性地思考广告作品和发布环境之间的关联关系，拓展创意思维模式。例如，随着信息时代的发展，传统平面广告呈现出更加多元化的发展趋势，面对日新月异的应用场景，大众对平面广告的敏感度、交互性、体验感、差异化提出了更高的要求，平面广告更加强调实际应用场景的画面效果和主观感受。学生需要根据这些特点，提出平面广告创意新思路、新方法，进而形成设计作品，从而培养学生创意思维能力和广告设计能力。

二、提升学生广告设计水平

通过场景模拟，增加对广告投放环境的虚拟现场评判维度，从空间、尺度、色彩、氛围、心理等方面进行综合判断；理论联系实际，在虚拟场景中加深对广告设计理论知识的理解和掌握。例如，文字、图片的设计应用，色彩搭配的方法等；学生在虚拟场景中展示广告设计作品，并根据视觉效果进行修改和完善；通过创意场景设计，挖掘平面广告的推广价值，拓展广告投放路径。

总之，寓教于乐，将“游戏场景”应用于教学，增强课堂的互动效应，调动学生学习的主动性与积极性，进而提升学生的设计能力。

三、训练学生广告评价能力

通过多种虚拟仿真发布环境，学生可以在课堂上实现体验各种广告作品的发布效果，并根据具体的广告媒介和广告作品内容形成有针对性的广告评价方法。其可训练学生根据具体案例形成不同评价方案的能力，避免评价方案的单一化、笼统化。

四、促进学生人文素养提升

通过广告版式的学习与讨论、评价他人不同设计风格作品等环节，学生逐渐形成广告审美的评判价值，形成批判性思维，同时养成包容性习惯。提升学生审美情怀，助力审美通识教育、人文通识教育。

第三节　虚拟仿真实验教学项目资料准备及网络要求

一、实验仪器设备

实验设备：3D 投影系统、3D 眼镜、VR 头盔、VR 手柄、VR 手套、网络服务器。

虚拟设备：楼体广告牌、公交站广告牌、地铁站广告牌、电梯广告牌等。

二、相关网络要求

（一）网络条件要求

1. 说明客户端到服务器的带宽要求（需提供测试带宽服务）

基于公有云服务器部署的系统：5~10M 带宽。

基于局域网服务器部署的系统：10~50M 带宽。

2. 说明能够提供的并发响应数量（需提供在线排队提示服务）

支持 100 个学生同时在线并发访问和请求，如果单个实验被占用，则提示后面进行在线等待，等待前面一个预约实验结束后，进入下一个预约队列（如图 7-1 所示）。

图 7-1　预约实验界面

（二）用户操作系统要求

计算机操作系统和版本要求：Windows7 及以上版本

其他计算终端操作系统和版本要求：无

支持移动端：□是 ☑否

（三）用户非操作系统软件配置要求

1. 特定插件

平面广告设计与效果测定客户端，插件容量：1G。

2. 其他计算终端非操作系统软件配置要求

（1）Firefox 64 位版本。

（2）Chrome 45 及以上版本。

（3）Firefox ESR 版本。

（4）360 10.0 及以上版本。

（四）用户硬件配置要求

计算机硬件配置要求如表 7-1 所示。其他计算终端硬件配置要求：无。

表 7-1　计算机硬件配置要求

软件配置需求（最低）	软件配置需求（推荐）
操作系统：Windows 2000 以上	操作系统：Win7 及以上
配件配置需求（最低）	配件配置需求（推荐）
处理器：Intel 2GHz 及以上 内 存：2GB 及以上 硬盘空间：40G 显卡：分辨率 1024×768 像素及以上 网络：1000Mbps 以太网卡 显示器：14 英寸以上 网速：1M 以上	处理器：Intel 2.2GHz 内 存：2GB 硬盘空间：80G 显卡：分辨率 1280×1024 网络：1000Mbps 以太网卡 显示器：14 英寸以上 网速：2M

（五）用户特殊外置硬件要求

计算机特殊外置硬件要求：无。

其他计算终端特殊外置硬件要求：无。

（六）实验教学项目技术架构及主要研发技术

1. 系统架构图及简要说明

平面广告设计与效果测定项目的开放运行依托于开放式虚拟仿真实验教学管理平台的支撑，二者通过数据接口无缝对接，保证用户能够随时随地通过浏览器访问该项目，并通过平台提供的面向用户的智能指导、自动批改服务功能，尽可能帮助用户实现自主的实验，加强实验项目的开放服务能力，提升开放服务效果。

开放式虚拟仿真实验教学管理平台以计算机仿真技术、多媒体技术和网络技术为依托，采用面向服务的软件架构开发，集实物仿真、创新设计、智能指导、虚拟实验结果自动批改和教学管理于一体，是具有良好自主性、交互性和可扩展性的虚拟实验教学平台。总体架构图如图 7-2 所示。

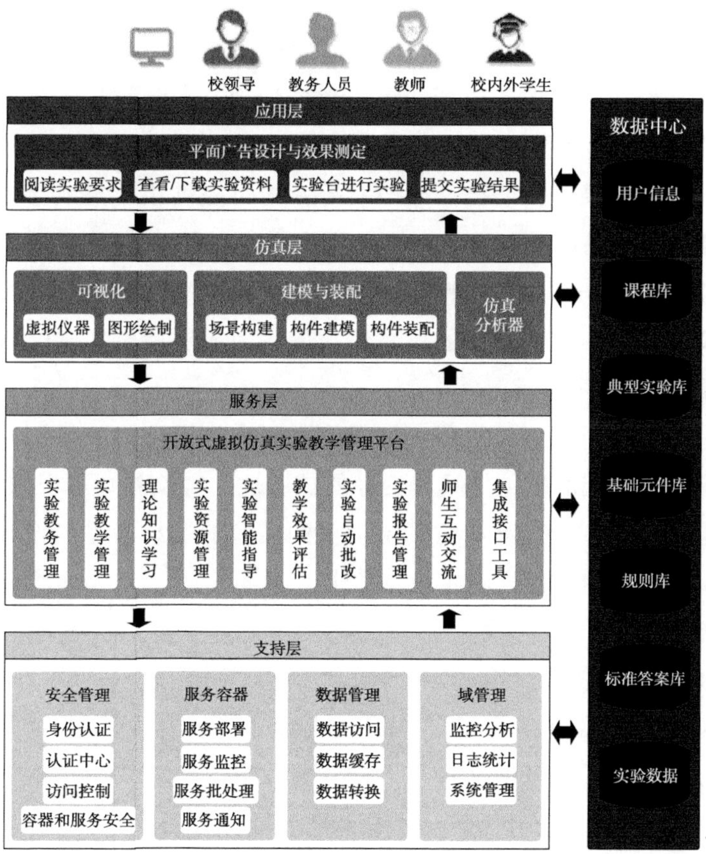

图 7-2　系统总体架构

如图 7-2 所示，支撑项目运行的平台及项目运行的架构共分为五层，每一层都为其上层提供服务，直到完成具体虚拟实验教学环境的构建。下面将按照从下至上的顺序分别阐述各层的具体功能。

（1）数据层。平面广告设计与效果测定项目涉及多种类型虚拟实验组件及数据，这里分别设置虚拟实验的基础元件库、实验课程库、典型实验库、标准答案库、规则库、实验数据、用户信息等来实现对相应数据的存放和管理。

（2）支持层。支持层是虚拟仿真实验教学与开放共享平台的核心框架，是实验项目正常开放运行的基础，负责整个基础系统的运行、维护和管理。支持层包括以下几个功能子系统：安全管理、服务容器、数据管理、资源管理与监控、域管理、域间信息服务等。

（3）服务层。通用服务层即开放式虚拟仿真实验教学管理平台，提供虚拟实验教学环境的一些通用支持组件，以便用户能够快速在虚拟实验环境完成虚拟仿真实验。通用服务包括：实验教务管理、实验教学管理、理论知识学习、实验资源管理、实验智能指导、师生互动交流、实验自动批改、实验报告管理、教学效果评、项目开放与共等，同时提供相应集成接口工具，以便该平台能够方便集成第三方的虚拟实验软件进入统一管理。

（4）仿真层。仿真层主要针对该项目进行相应的器材建模、实验场景构建、虚拟仪器开发、提供通用的仿真器，最后为上层提供实验结果数据的格式化输出。

（5）应用层。基于底层的服务，最终平面广告设计与效果测定项目教学与开放共享。该框架的应用层具有良好的扩展性，实验教师可根据教学需要，利用服务层提供的各种工具和仿真层提供的相应的器材模型，设计各种典型实验实例，最后面向学校开展实验教学应用。

2. 实验教学项目

开发技术：3D 仿真、WebGL 技术

开发工具：Unity3d、3DMax、Maya、Visual Studio、Photoshop 等

项目品质：单场景模型总数，900000 面；贴图分辨率，1024×1024；显示帧率，高于每秒 30 帧；刷新率，高于 30Hz；正常分辨率，1920×1080。

3. 管理平台

开发语言：JAVA。

开发工具：Eclipse。

采用的数据库：Mysql。

第四节 广告虚拟仿真实验教学项目对象及目的

广告虚拟仿真实验教学项目可以根据不同的教学内容和目的，确定具体的实验名称及步骤流程，通常具有较强的针对性。本节内容以“广告设计与效果评定”这一虚拟仿真实验教学项目为例，详细介绍虚拟仿真实验项目在广告专业教学过程中的应用步骤。当然，虚拟仿真实验教学项目不仅局限于平面广告的投放和测评，还可以引入视频广告、环境媒体广告等多种广告作品形式，丰富教学途径，同时可以进一步探索基于技术背景的广告人才培养模式。

一、专业与年级要求

本实验项目主要面对广告学、艺术设计等专业大学本科二年级和三年级学生。涉及的专业课程包括：广告设计、广告效果研究、平面构成、广告创意思维训练、优秀广告作品赏析等。

二、基本知识和能力要求

在使用本虚拟仿真实验项目之前，学生需要掌握平面广告设计的基本理论；具有平面广告创意与制作能力，能够基本独立完成平面广告设计的基本任务；掌握广告效果测定的基本原理和常用方法，能够根据广告作品的设计内容和发布媒介设计具体的测评方案。

三、实验目的

（一）掌握广告设计基本原理和方法

掌握平面广告设计的基本设计原理，主要包含：文字字体、字号、行间距、对齐方式、层级体系、图文关系的设计应用等（6~7 个知识点）；图形的比例关系、放置位置、整体结构（3~4 个知识点）；形式美法则的应用原理（2~3 个知识点）；平面广告设计排版的基本方法（3~4 个知识点）等。

（二）掌握广告效果评价的方式方法

理解广告效果评价的基本测评指标分为认知效果、心理效果和销售效果三个维度（1 个知识点）；掌握不同媒体广告效果测评指标的主要内容及其主要作用（5~6 个知识点）；掌握各种不同场景中广告效果评价的差异性，并能根据具体情况分别形成不同的评价方案（7~8 个知识点）。

第五节　广告虚拟仿真实验教学项目整体设计思路

“广告设计与效果评定”虚拟仿真实验教学项目由三个开放的实验模块共同组成：模块一是广告版式学习，在虚拟仿真实验环境中，通过答题的形式对学生广告设计的基本理论掌握程度进行测评；模块二是广告作品设计与投放，作品在虚拟场景植入；模块三是广告效果评价实验，学生以广告效果测评人员的身份进入实验，完成广告效果测评任务。其中每一个模块都是相对独立的，可以实现单一模块实验；三个模块又彼此配合，可以实现有机融合。多元化的实验路径有利于学生根据各自的学习情况灵活选择，形成设计性的实验风格，充分发挥学生的自主性（如图 7-3 所示）。

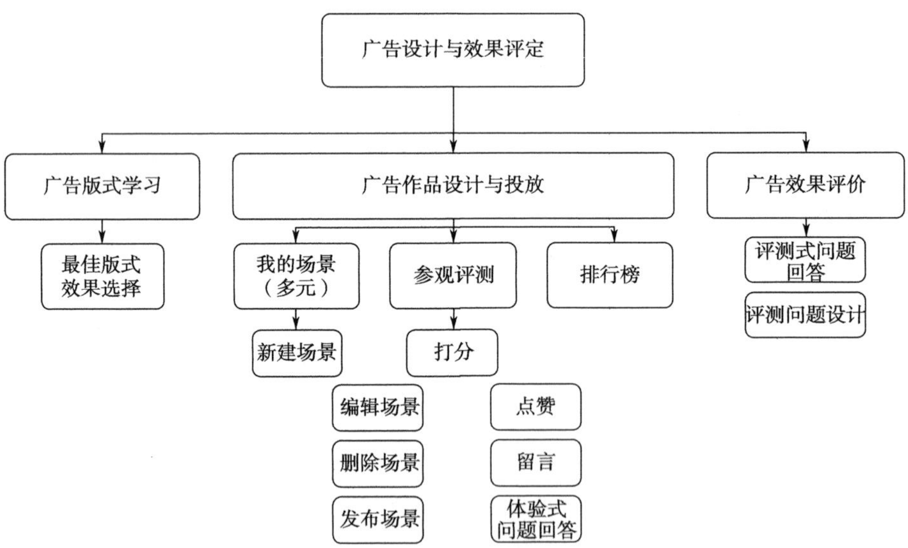

图 7-3　实验整体结构

一、模块一：广告版式学习

学生在虚拟环境中学习各种优秀广告作品案例，了解平面广告设计的基本方法，或者通过直接答题的形式测试平面广告设计基础理论知识的掌握情况（如图 7-4 所示）。在这一部分重视实验过程中广告版式设计方法的讨论和学习，在互相讨论中，研究广告设计的一些基本原理和方法，在大致标准下，鼓励实验答案多样性。

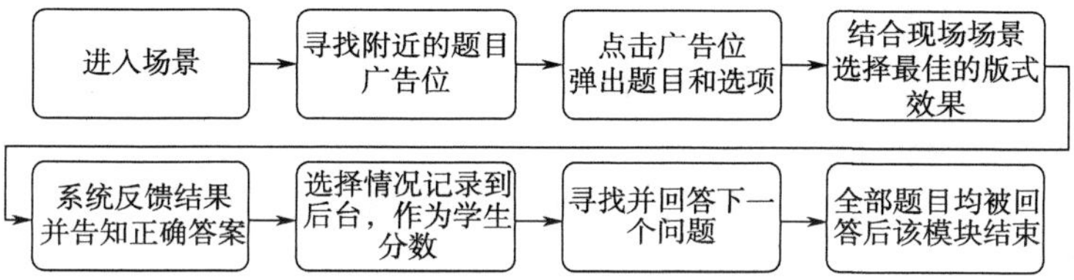

图 7-4　“广告版式学习”模块实验流程

二、模块二：广告作品设计与投放

此部分实验教学采用线下与线上结合的方式进行。线下主要由学生根据虚拟场景中广告媒介环境和自己选择的广告选题，进行广告作品设计。之后线上的交互性实验主要包含：学生在虚拟仿真环境的目标媒体中发布自己设计的平面广告作品，通过真实环境体验广告发布效果（如图 7-5 所示）；另外，每位学生都可以对媒介中发布的设计作品进行评价（如图 7-6 所示）。

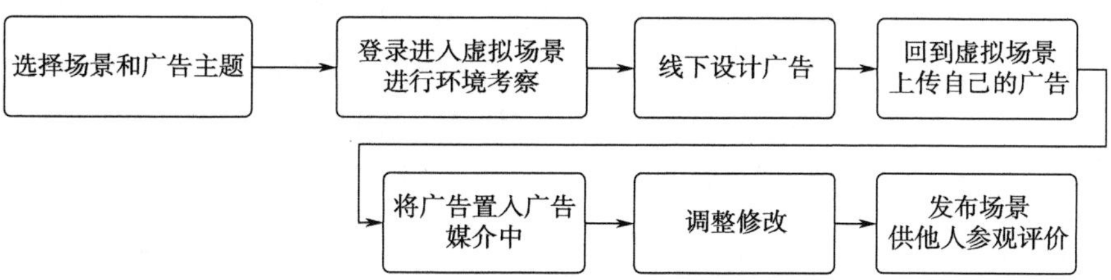

图 7-5　“广告作品设计与投放”模块（设计与发布）实验流程

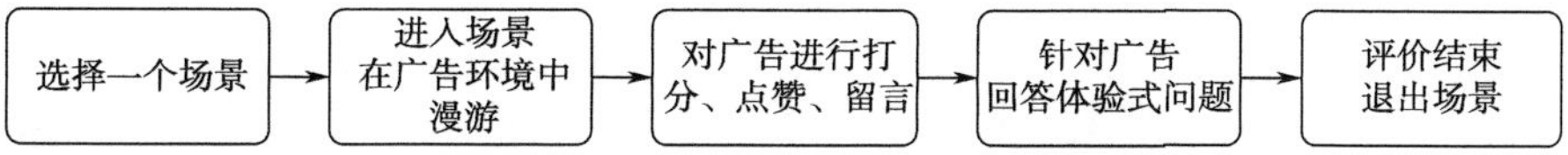

图 7-6　“广告作品设计与投放”模块（参观测评路径）实验流程

三、模块三：广告效果评价

学生以专业广告效果评价人员身份体验广告，形成具体的广告效果评价方案，同时在虚拟仿真环境中回答如何进行广告效果评价方面的问题（如图 7-7 所示）。

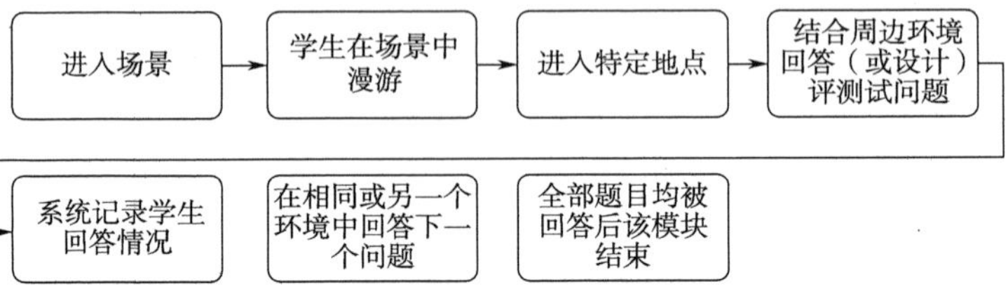

图 7-7 “广告效果评价”模块实验流程

第六节 广告虚拟仿真实验教学项目方法与步骤

一、实验方法

“广告设计与效果评定”虚拟仿真实验主要采用两种实验方法。

第一，创作—展示互动法，主要适用于广告版式学习（模块一）和广告作品设计与投放（模块二）。

教师将根据 VR 中设置的媒介场景（商场户外广告牌、公交广告、公交站台广告、地铁广告、电梯广告、商场内部、饭店、咖啡馆等），为学生布置针对特定发布媒介的广告创作命题。学生可以选择感兴趣的广告主题进行创作，并通过 VR 虚拟场景的展示，评判广告设计效果。虚拟场景中展示的所有广告设计作品，学生都可以浏览评价。此外，选用优秀平面广告，通过答题的形式在虚拟环境中的广告发布媒介上测试广告设计版式基础理论知识掌握效果。

第二，体验—评价测评法，主要适用于广告作品设计与投放（模块二）和广告效果评价（模块三）。

首先，学生以消费者身份进入虚拟环境。学生进入广告的虚拟发布现场，以消费者的身份虚拟体验其他同学的广告作品，并进行点赞、评论和投票。

学生可以通过后台的作品中心，按这三个热词对作品进行搜索排序，教师定期公布作品排行榜。公众用户或者外校同学也可通过自己注册的账号上传自己的设计作品，并得到作品的评测反馈。

其次，学生以广告效果评价人员身份进入虚拟环境。广告效果评价人员需要根据广告作品的投放媒介、广告作品的具体内容，形成具体的评价方案，同时以根据提示进行问答的形式，测试广告效果评价基本方法的掌握程度。

二、实验步骤

本实验设置多个实验场景，如学校周边、公交站、地铁站、居民生活区、购物街、商场内部、餐馆内部等（如图 7-8 所示）。不同的场景中包含了不同形式、不同尺寸的广告载体，如海报、百叶窗、户外广告、灯箱等，均可置入替换为默认广告或自定义广告。

图 7-8　虚拟仿真实验中的部分虚拟场景

（一）广告版式学习（模块一）实验步骤举例

步骤 1：学生登录系统，进入广告版式学习与考核模块。

步骤 2：学生进入三维场景后，可以自由行走漫游。

步骤 3：在学生登场位置的附近存在 10 余个“特殊广告位”（有明显提示），每个广告位包含一道广告版式效果的选择题目，不同的题目分别针对不同的版式要素进行考察①。版式要素包括：文字字号、文字行间距、文字位置、文字对齐方式、层级体系、图文关系、文字颜色、图像大小、图像位置、

① 此部分优秀广告案例来源于中国广告长城奖获奖作品、戛纳国际广告节获奖作品。

元素色彩等。

问题 1：请为此幅广告选出适宜大小的标志，放置在右上角（如图 7-9 所示）。

图 7-9　虚拟仿真实验中的实验场景（选择标志）

步骤 4：学生点击广告，然后系统显示 3 张选项图片（如图 7-10 所示），在不同的选项图片中，相同的版式要素会有不同的表现尺度或样式，其中 1 张为合适（正确答案）、2 张为不合适。

图 7-10　虚拟仿真实验中的实验场景（选择标志大小）

步骤 5：学生点击选择合适的图片，广告位中图片即替换为所选的图片（如图 7-11 所示）。

步骤 6：学生认为无误后，点击确定。

步骤 7：学生的选择结果信息发送保存至后台，据此自动得到客观评分（后台教师可见）。然后无论选择正确与否，系统均显示正确答案，广告位中的广告变为正确图片。

图 7-11　虚拟仿真实验中的实验场景（替换图片）

步骤 8：学生点击场景中所有的特殊广告位，完成上述选择考核，形式相同。

步骤 9：当场景中的全部问题都被点击过（选择过）后，系统显示“完成提示”。

步骤 10：学生退出该模块。

该模块自开课以后，只能完成一次，输出一次分数，完成或中断后不可再次进入。若在进行中强行退出，则只保存已经完成的题目的结果，尚未完成的题目分数为零。

场景中的其他 9 道广告版式题目如下。

问题 2：请选择最符合行间距视觉表现的文本放置在相应位置（如图 7-12 所示）。

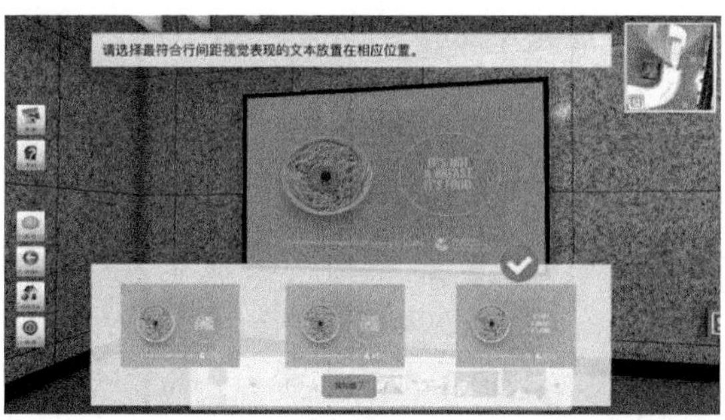

图 7-12　虚拟仿真实验中的实验场景（选择行间距）

问题 3：请选择图像与文本位置最佳的广告，将其置入到此广告牌中（如

图 7-13 所示）。

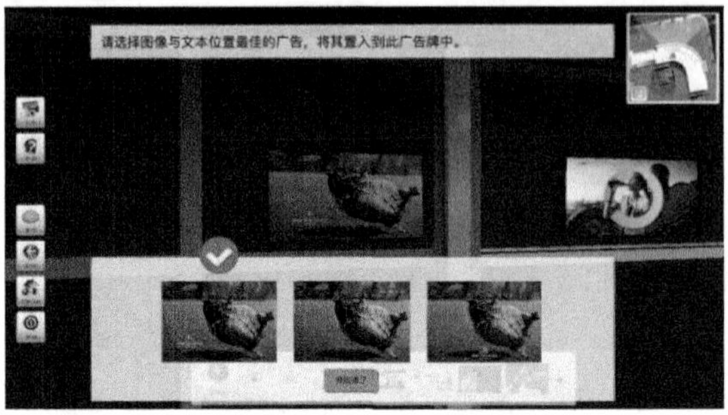

图 7-13　虚拟仿真实验中的实验场景（选择文本位置）

问题 4：请根据构图，选择最佳对齐方式的文本放置在相应位置（如图 7-14 所示）。

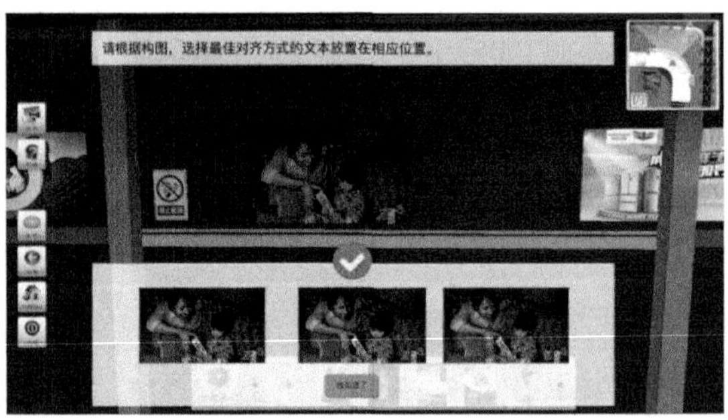

图 7-14　虚拟仿真实验中的实验场景（选择对齐方式）

问题 5：请选择最符合层级体系设置的广告，将其置入到此广告牌中（如图 7-15 所示）。

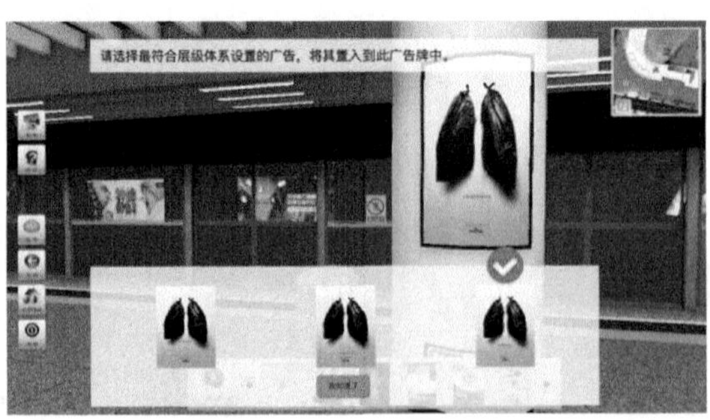

图 7-15　虚拟仿真实验中的实验场景（选择层级）

问题6：请选择图像与文本位置最佳的广告，将其置入到此广告牌中（如图7-16所示）。

图7-16　虚拟仿真实验中的实验场景（选择图像文本）

问题7：请根据画面中的色彩，为文本选择最佳颜色（如图7-17所示）。

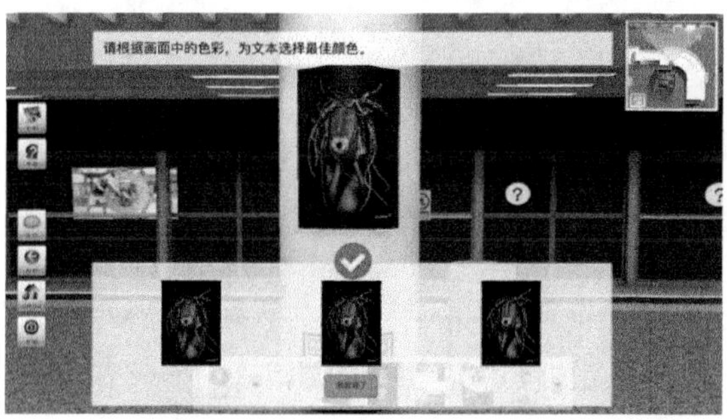

图7-17　虚拟仿真实验中的实验场景（选择颜色）

问题8：请选择适合大小的图像放置在广告中心位置（如图7-18所示）。

图7-18　虚拟仿真实验中的实验场景（选择图像大小）

问题 9：请选择图像最符合视觉中心位置的选项（如图 7-19 所示）。

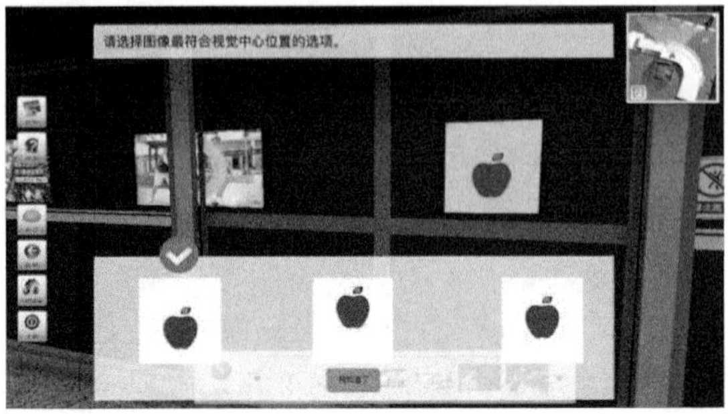

图 7-19　虚拟仿真实验中的实验场景（选择视觉中心）

问题 10：请为此幅广告背景选择最符合主题的色彩（如图 7-20 所示）。

图 7-20　虚拟仿真实验中的实验场景（选择背景色彩）

（二）广告作品设计与投放（模块二）实验步骤举例

1. 场景设计

步骤 1：教师在线下针对系统中的每个场景，设置 1 个广告主题、尺寸、广告位位置，并将此信息告知学生。

步骤 2：学生选择一个想要设计的场景，登录系统，进入场景设计布置与评价模块，然后进入“我的场景”，新建一个场景。

步骤 3：学生在该场景中漫游，观察记忆目标广告媒介的周边情况，为后续设计作参考。

步骤 4：学生保存场景，退出系统，然后在线下设计针对此场景、此广告位、此主题的平面广告作品，输出广告作品图片为 jpg 或 png 格式。

步骤 5：学生登录系统，进入“我的场景”，然后进入刚才保存的场景中

（如图 7-21 所示）。

图 7-21　新建场景

步骤 6：学生行走至目标广告位附近，点击该广告位，调出广告素材库（如图 7-22 所示）。

图 7-22　选择广告位

步骤 7：学生将自己线下设计的广告图片上传至广告素材库。

步骤 8：学生从素材库中选择上传的作品，置入该广告媒介中（如图 7-23 所示）。

图 7-23　学生选择上传自己的广告图片

步骤 9：学生自我评估广告效果，若不满意可重新设计上传置入，若满意则点击“保存”，然后退出。

步骤 10：学生认为该场景和其中的广告效果可以接受参观评价后，点击“发布”。该场景和其中的广告即显示在“广告评价”页面中，其他学生和教师能够进入场景，参观评价。

2. 参观评价广告场景

步骤 1：学生登录系统，进入场景设计模块，然后进入“广告评价”页面。页面中显示当前可供参观评价的场景（列表）及其简要信息（如图 7–24 所示）。

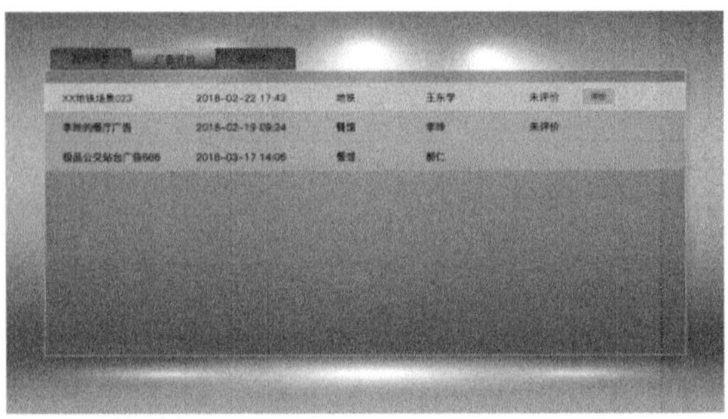

图 7–24　学生选择可参观的场景列表

步骤 2：学生选择其中一个想要参观评价的场景，点击进入。

步骤 3：学生在场景中漫游。

步骤 4：学生针对某幅广告进行评价打分（分数为 0~100）、点赞、文字留言（如图 7–25、图 7–26 所示）。

图 7–25　学生在场景中点击他人广告

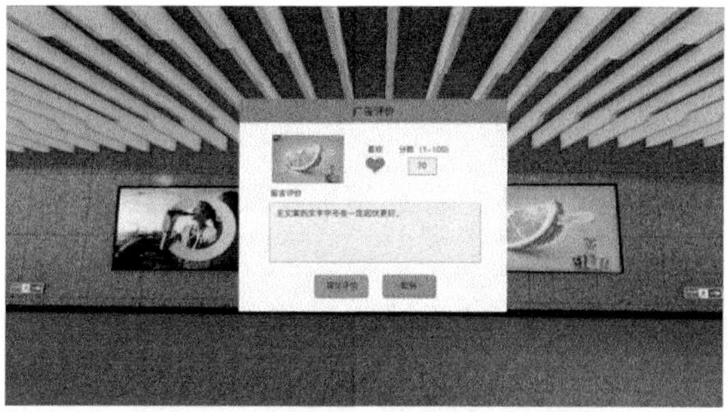

图 7-26　学生点赞、打分、留言

步骤 5：上述评价完成后，系统等待 45 秒（无提示），跳转至问答界面，学生需要回答 6 个体验式问题（如图 7-27 所示）。

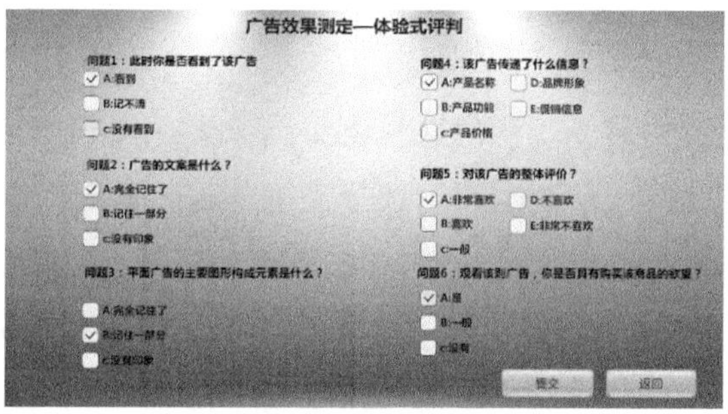

图 7-27　学生回答体验式问题

步骤 6：学生认为全部评价完成后，退出场景，结束参观评价。

3. 排行榜

学生可查看排行榜，排行榜显示广告场景的排名情况（如图 7-28 所示）。排名情况根据分数、点赞数综合决定，实时自动更新。

图 7-28　排行榜

（三）广告效果评价（模块三）实验步骤举例

步骤1：学生登录系统，进入广告效果评价模块。

步骤2：学生出现在地铁入口附近。进入三维场景后立即回答问题（如图7-29）（不可取消跳过不答，后同）。

图 7-29　学生回答问题（1）

步骤3：学生提交后，学生的选择结果信息发送保存至后台，据此自动得到客观评分（后台教师可见）。无论选择正确与否，系统均显示正确答案（后续所有客观题同理）。

步骤4：学生在附近自由行走。场景中出现箭头指示符号（有题目点的位置），指向地铁站通道入口。

步骤5：学生行走至地铁站地下通道入口时，回答问题（如图7-30所示）。

图 7-30　学生回答问题（2）

步骤6：回答后，场景中出现指向地铁站出口的箭头指示符。

步骤7：学生向外至地铁站出口时，回答问题（图7-31）。

步骤8：回答后，学生被传送至厢式电梯门外，场景中出现指向电梯内的箭头指示符。

图 7-31　学生回答问题（3）

步骤 9：学生进入电梯轿厢前或进入轿厢后，回答问题（图 7-32）。

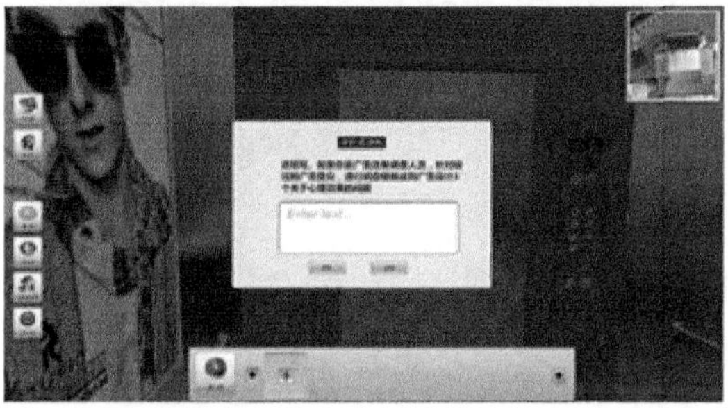

图 7-32　学生回答问题（4）

步骤 10：回答后，学生退出结束。

该模块自开课以后，只能完成一次，输出一次分数。完成或中断后不可再次进入。若在进行中强行退出，则只保存已经完成的题目的结果，尚未完成的题目分数为零。

三、实验考核

广告虚拟仿真实验考核的具体要求、考核内容、考核方式如表 7-2 所示。

表 7-2　广告虚拟仿真实验考核

要求	考核内容	对应模块位置	考核方式
原理学习（30%）	完成广告版式学习实验	模块一	系统生成 学生评定 教师评定

续表

要求	考核内容	对应模块位置	考核方式
作品设计与发布（40%）	完成广告设计作品，置入虚拟媒体环境；根据评价结果修改广告设计作品	模块二	系统生成 教师评定
	对他人作品进行评分；获得他人对自己作品的评分		学生评定
效果评价（30%）	完成如何进行广告效果评价实验	模块三	系统生成 教师评定

第七节　广告虚拟仿真实验教学项目特点

一、实验模块多元化，实验路径不固定

“广告设计与效果评定”虚拟仿真实验拓展了学生的学习模式。一方面，可以让学生在虚拟的媒介环境中直接发布自己的广告设计作品，并进行效果测评，同时根据视觉效果和测定结果进行二次修改和完善，培养学生发现问题、解决问题的能力。另一方面，实验以学生为中心的教学理念，可以在虚拟环境中直接进行平面广告设计基本理论及效果测定问题的回答，完成在体验中学习，激发学生的学习兴趣。

二、评价体系多维度，评判标准不单一

本虚拟仿真实验项目突破评价路径单一化弊端，由多个评价体系共同构成，评判标准多样化，主要通过三条路径完成评价：学生评价，教师评价，系统自动评价。

通常情况下，广告设计与广告审美无定论，很难用一个固定的评判标准衡量每一幅广告。因此评判广告设计作品的效果测定指标就具有多义性和争议性，但消费者的体验和感受是评判的“金标准”。本实验注重强化非设计者以消费者的角色进入虚拟媒介发布现场，让学生根据自己的体验给出效果评定，这种评价路径不仅有效而且真实，也更贴合广告市场化的经济属性。

传统教学方法很难真实再现广告的发布环境和现场，学生设计的作品也

不太可能在真实媒介中进行实际发布，虚拟现实的教学实验能够让学生在虚拟的现实环境中感受设计作品，同时进行效果测定。

三、线下与虚拟结合，丰富教学手段

本虚拟仿真实验项目与现场教学内容相结合，实验开始之前学生根据创意简报完成广告设计作品初稿，这些环节主要以线下教学为主；之后可以进入虚拟仿真实验环节，学生在实验中的多元环境中选择设定的媒体发布场景，将创作作品置入备选菜单，学生可以在虚拟环境中选择展示作品，通过VR虚拟场景的展示，在虚拟仿真环境中模拟发布。学生可以在媒介环境中直观观察广告发布效果，加强作品设计的执行力。这种教学方式解决了学生设计广告作品在实际生活中无法真实发布的弊端，大大缩短了作品设计和真实发布之间的距离，进而提升学生的设计能力和学习兴趣。

四、自主学习式教学，调动学生积极性

本虚拟仿真实验项目改变教师为主导的传统教学方式，实现以学生为主导。在实验材料的准备、实验路径的设计、实验过程的步骤、实验结果的形成等多个方面充分发挥学生的自主性。

实验材料方面，该实验的实验材料（广告作品）是由学生自己生产的，不是一成不变的固定实验材料；实验路径方面，该实验的路径可以由学生自己组合和选择，充分发挥学生设计实验、参与实验的优势，避免实验路径和方法的单一性；实验步骤方面，通过作品展示和问答的形式，增强学生主动学习的积极性，培养学生发现问题和解决问题的能力，让学生总结出平面广告设计中应注意的问题，掌握版面设计中的基本知识点并能够在实际设计中灵活应用；实验成绩方面，实验成绩包含学生评定部分（学生评价、点赞、打分形成排行榜等），尊重学生在学习过程中的主体性。

五、多身份沉浸式学习，满足职业预判

传统的课堂教学方法以面授为主，学生的跟随度和参与度有限，或者关注的时间长度具有局限性。本实验项目可以实现学生以三种身份进入虚拟环境，一方面保证课堂的参与性，另一方面保证学生个体之间的差异性。

设计者身份：在模块一实验中，学生可以以设计者的角度进入媒介沉浸，

充分观察自己的设计作品在虚拟环境中的实际发布效果，思考自己设计作品的落地性。

消费者身份：在模块二实验中，非设计作品的学生通过评判他人的设计作品，提升自己的广告审美和设计能力，能够科学评定他人设计的广告作品也是创意人员必备的一项基本能力。

广告测评人员身份：在模块三实验中，学生以广告公司效果测评人员身份进入，完成测评方法和技能的练习及考核。

第八节　广告虚拟仿真实验教学项目的推广应用

目前的广告作品以平面广告为主，未来希望能将视频广告、环境媒体广告等多种形式的作品置入虚拟环境。逐步增加除了版面设计之外的其他平面广告设计的知识点，形成知识点的系统化和完整化，增加学生广告设计知识点的学习案例。逐步增加媒体环境广告案例的数量，拓展学生针对不同广告作品形成广告效果测评方案的能力。

面向高校的教学推广应用计划：第一，高校教师方面，高校相关专业的授课教师可以应用此实验系统配合平面广告设计方面的课程，完善课程教学体系，对学生广告版面设计能力进行检验，提高学生的平面设计能力。第二，高校学生方面，高校学生可以申请账号，通过之后可以将自己设计的广告作品上传至系统，获得广告效果测定结果，然后根据结果改进自己的设计作品。

面向社会的推广与持续服务计划：第一，企业或广告公司方面，可以将为客户设计的若干广告设计作品置入 VR 系统中，一方面可以观测到设计效果，进行修改；另一方面可以应用此系统为客户展示设计作品效果图，让客户更直观地看到广告展示效果。未来本项目可以加强和企业主、广告公司的合作，为他们提供广告作品空间虚拟展示效果，积极通过举办会议、接待参访等形式，与校外相关机构进行分享。第二，社会公众方面，对广告设计感兴趣的公众，可以注册账号，将需要测评的广告作品上传到该系统，获得测评结果。

综上所述，学生通过完成虚拟实验，将理论和实践相结合，使理论知识形象化。这种学习方法能有效调动学生学习的积极性，掌握和巩固广告设计的理论知识；让学生体验到平面广告设计作品投放的效果，以及投放环境对于设计的影响；掌握广告效果评价的常用方法。不仅对广告教学具有重要意义，而且为学生就业奠定基础。虚拟仿真实验项目增强了学生的创意设计能力，有助于学生在大广赛、学院奖、金犊奖等广告专业比赛获得优异成绩，该实验项目在教学水平提升、教学设备完善、学生兴趣和专业能力提高方面也得到学生们的认可和好评。

教师使用本项目将资源整合与优势发挥相结合，辅助传统的实验教学，拓展了实验教学内容的广度和深度，延伸了实验教学时间和空间，克服了广告设计环境及成本等制约因素，促进了理论教学从定性到定量的转变，打破了实践教学中的空间限制，培养了学生全方位考虑问题的思维方式。

社会公众通过本项目了解广告相关知识，使枯燥的理论形象化、具体化，有利于广告知识的传播，同时也可以帮助广告专业爱好者接触和了解广告专业知识和技能。

随着科技的不断进步和发展以及智媒时代的到来，广告行业将发生翻天覆地的变化，在时代的大背景下，培养应用型广告人才已经成为当务之急。建立和推广线上仿真虚拟实验项目可以拓展自主学习路径，相信在科技的加持下，通过广大一线教育工作者的努力，广告人才培养水平一定能早日登上新的台阶。

结　语

智媒时代的科技进步，让国内很多高校逐渐摒弃之前“以理论教学为主、实践应用为辅”的广告专业人才培养模式，逐步加强应用型人才培养模式的转型，重视社会服务职能，以教育服务经济社会发展需求为导向。转变教育观念对广告学专业来说既是机遇也是挑战。要树立正确的办学观念和教育观念，规范广告专业人才的培养模式，革新广告专业人才培养路径。与此同时，在人才培养模式改革中尤其重视品德素养和专业技能的并行塑造，以知识探索、融合创造为前提，在实践中提升学生的专业品德高度，挖掘学生的专业技术潜能，重视教学质量和人才培养的有效性。

《国家中长期教育改革和发展规划纲要（2010—2020 年）》中指出：“关心每个学生，促进每个学生主动地生动活泼地发展，尊重教育规律和学生身心发展规律，为每一个学生提供合适的教育。关注学生不同特点和个性差异，发展每一个学生的优势潜能。”由此我们可以看到，重视学生的个性发展、因材施教势在必行，高校教育要培养学生独立创新精神、批判精神与创业能力。转变以独创为特色的创新思维也是教育教学模式转型期的一个重要表现。新时期所需要的个性化思维方式也要在高校构建完整知识体系的同时得到完善，但它不能背离教育的核心本质——以人为本，实现个体的健康成长是培养广告专业人才个性化教育的目标之一。这就要求广告教育者在人才培养过程中敢为“大先生”，尊重学生个体、激发学生的内驱力，鼓励学生借助新媒体技术自主探索，实现从课内到课外、从学习到竞赛、从实践到实战、从企业到校园、从内容到技术的多元化自主学习。通过学生竞赛、项目工作室、商业真实案例操盘等形式提升课堂教学实践成效，不仅对专业教师学术水平和教学能力是一个很大的提高，而且对学生完整的知识体系建构与实践能力结合等方面的培养都有诸多的益处。

在智媒时代，广告专业人才应该秉承以下信念：第一，坚守正确的专业方向，牢记服务祖国、服务人民的专业精神；第二，应该也必须拥抱技术，在广告内容生产、传播渠道“天马行空”地利用人工智能、精准投放等新技术建构崭新的广告产业；第三，在迎接新技术的同时，也要时刻保持冷静、客观的思考，要脚踏实地地秉承广告传统和文化，扎实提升各项基础能力。总之，在未来广告产业中，只有高品德、强能力的广告专业人才，才能以坚定的信念、创新的思维、高效的能力始终保持卓越的核心竞争力。